秒速で読む
決算書

株式会社コンサルティング・ネットワーク
代表取締役
澤田和明
Kazuaki Sawada

SOGO HOREI Publishing Co., Ltd

はじめに

　企業経営の目的は、効率よく儲けて利益を出し、キャッシュを回すことです。そのために「資金調達→仕入→生産→販売→売上→資金回収」という企業活動を繰り返します。

　このような企業活動の取引記録を正確に行い、資金調達から回収までを管理することが、財務管理の重要な役割です。また、「財務会計」は、企業活動を貨幣的に記録計算した過去の成果という側面に加え、その結果を踏まえ、未来の経営に役立てる「経営ツール」という側面も持っています。

　そのためには、まず「決算書（財務諸表）のしくみ」を理解し、分析できるようにならなくてはなりません。

　本書の構成は、第１章から第３章までで決算書の要である貸借対照表（BS）、損益計算（PL）、キャッシュフロー計算書（CF）の仕組みを理解し、第４章でこれらを使った財務分析の具体的な手法を説明します。最後の第５章では、実在する企業６社の最近５年分の決算書を使って、財務分析結果の一例をご紹介します。

この本で強調したかったのは、BS、PL、CF の数字を額面通り見てしまうと誤った分析をしてしまう可能性があるということです。特に BS と PL は、そのまま読むのではなく、「キャッシュベース」で読むことが重要であるため、「キャッシュベース」での分析を相当書かせていただきました。」

　本書は広くビジネスパーソン全般を対象に、「会計」という共通言語によるマネジメント能力を身につけることを目的としています。幅広い読者から経営管理に関する入門書として、これからの仕事上でお役に立つことができれば、著者としてこれほど嬉しいことはありません。

2017 年 2 月吉日

澤田和明

目　次

はじめに ・・・・・・・・・・・・・・・・・・・・・・・・・・・・ 2

第1章

貸借対照表の読み方

01　貸借対照表（B／S）の形式 ・・・・・・・・・ 12
02　資産 ・・・・・・・・・・・・・・・・・・・・・・・・ 15
03　負債・純資産 ・・・・・・・・・・・・・・・・・・ 19

第2章

損益計算書の読み方

01　損益計算書（P／L）の形式 ・・・・・・・・・ 22
02　5つの利益①　売上総利益 ・・・・・・・・・ 25

03	5つの利益②	営業利益	28
04	5つの利益③	経常利益	31
05	5つの利益④	税引前当期純利益	34
06	5つの利益⑤	当期純利益	37
07	変動費と固定費		40
08	統制可能費と統制不能費		43

第3章

キャッシュフロー計算書の読み方

01	キャッシュフローの重要性	48
02	営業活動によるキャッシュフローの見方① 直接法	51
03	営業活動によるキャッシュフローの見方② 間接法	54
04	営業キャシュフローの改善	57
05	投資活動によるキャシュフロー	60
06	財務活動によるキャシュフローの見方	63
07	フリーキャシュフロー	66

08 理想的なキャッシュフローとは　　・・・・・・・・・・・・　69

09 貸借対照表・損益計算書・キャッシュフロー
計算書の関係　・・・・・・・・・・・・・・・・・・・・・　72

第4章

財務分析

01 財務分析の必要性　・・・・・・・・・・・・・・・・・・　76

02 貸借対照表分析①　流動と固定の区分　・・・・　79

03 貸借対照表分析②　資金バランス　　　・・・・　85

04 貸借対照表分析③　資金の調達先　・・・・・・・・　88

05 貸借対照表分析④　流動比率　・・・・・・・・・・　91

06 貸借対照表分析⑤　当座比率　・・・・・・・・・・　94

07 貸借対照表分析⑥　固定比率　・・・・・・・・・・　97

08 貸借対照表分析⑦　固定長期適合率　・・・・・100

09 貸借対照表分析⑧　財産状況の見極め　・・・・102

10 貸借対照表分析⑨　自己資本比率　・・・・・・・103

11 貸借対照表分析⑩
流動資産科目の着眼点(1)　・・・・・・・・・・・・・106

12 貸借対照表分析⑪
流動資産科目の着眼点(2) ・・・・・・・・・・・・・ 109

13 貸借対照表分析⑫
流動資産科目の着眼点(3) ・・・・・・・・・・・・・ 112

14 貸借対照表分析⑬
固定資産科目の着眼点(1) ・・・・・・・・・・・・・ 115

15 貸借対照表分析⑭
固定資産科目の着眼点(2) ・・・・・・・・・・・・・ 118

16 貸借対照表分析⑮
流動負債科目の着眼点(1) ・・・・・・・・・・・・・ 121

17 貸借対照表分析⑯
流動負債科目の着眼点(2) ・・・・・・・・・・・・・ 124

18 貸借対照表分析⑰
固定負債・純資産科目の着眼点 ・・・・・・・・・ 127

19 損益計算書分析①
読みこなすポイントは比較 ・・・・・・・・・・・・ 130

20 損益計算書分析② 利益を見ていくコツ ・・・・・ 133

21 損益計算書分析③ 数字の異常を見る ・・・・・・ 136

22 損益計算書分析④ 構造を確認して読む ・・・・ 139

23 損益計算書分析⑤ 売上総利益率 ・・・・・・・・ 142

24 損益計算書分析⑥ 売上高営業利益率 ・・・・・ 145

25 損益計算書分析⑦　売上高経常利益率　・・・・・148

26 損益計算書分析⑧　労働生産性　・・・・・・・・151

27 損益計算書分析⑨　労働分配率　・・・・・・・・154

28 損益計算書分析⑩　1人当たり経常利益額・・・157

29 損益計算書分析⑪　損益分岐点比率・・・・・・・160

30 損益計算書分析⑫
営業収益・営業費用科目の着眼点(1)・・・・・・・163

31 損益計算書分析⑬
営業収益・営業費用科目の着眼点(2)・・・・・・・166

32 損益計算書分析⑭
営業収益・営業費用科目の着眼点(3)・・・・・・・169

33 損益計算書分析⑮
営業外費用、特別損益科目の着眼点(1)　・・・・・172

34 損益計算書分析⑯
営業外収益・費用、特別損益科目の着眼点(2)・・175

35 キャッシュフロー計算書分析①
資金収支を読みこなす　・・・・・・・・・・・・・178

36 キャッシュフロー計算書分析②
具体例で考える　・・・・・・・・・・・・・・・・・181

37 キャッシュフロー計算書分析③
キャッシュはここを読む　・・・・・・・・・・・・184

38 キャッシュフロー計算書分析④

キャッシュフローは上から見ていく ・・・・・・・ 187

39 キャッシュフロー計算書分析⑤

キャッシュフローでわかる会社のタイプ ・・・・・ 190

40 キャッシュフロー計算書分析⑥

キャッシュフロー計算書項目の着眼点 ・・・・・・ 193

第5章

実際にある企業の決算書を読んでみる

01 トヨタ自動車決算書5期比較 ・・・・・・・・・ 198

02 ドンキホーテホールディングス決算書5期比較 ・・ 202

03 ファストリテーリング決算書5期比較 ・・・・・・ 206

04 東宝決算書5期比較 ・・・・・・・・・・・・・ 210

05 日本マクドナルドホールディングス決算書5期比較 214

06 シャープ決算書5期比較 ・・・・・・・・・・・ 218

ブックデザイン　中西啓一（panix）
本文DTP　横内俊彦

第 1 章

貸借対照表の読み方

01

貸借対照表
（B／S）の形式

1　一定時点における企業の財政状況を表わす

　貸借対照表（Blance Sheet　B／S）は、企業の財政状態を明らかにするために、一定時点におけるすべての資産・負債・純資産の残高を一覧表示したものです。財政状態とは、一定時点（決算日）における資本の運用形態である「資産」と、調達源泉である「負債」と「純資産」の構成を示すことをいいます。

　貸借対照表の簡単な形式は次ページの図のとおりです。式に表すと「資産＝負債＋純資産」となります。

2　利益は算出できても発生原因はつかめない

　資産から負債を差し引くと正味財産としての純資産が算出されます。資産や負債は日々変化するので、結果として純資産も日々変化します。その変化する純資産の期首と期末を比較して差額を計算することで、貸借対照表

第1章 ● 貸借対照表の読み方

貸借対照表 平成○年○月○日	
資産	負債
	純資産

で利益を算出することができます。

　式に表すと「**期末純資産－期首純資産＝純利益**（マイナスの場合は純損失)」で表し、「**期末純資産＝期首純資産＋純利益**」となります。このように、期末純資産と期首純資産との差額として利益を計算する方法を「財産法」といいます。

　純資産は正味資産ですので、資産の裏づけのある利益を計算できるというメリットがあります。しかし、期末純資産と期首純資産とを比べ、増加した部分が利益だとわかっても、その利益の発生原因はわかりません。純資産の増加した原因が「売上が増加して利益が出たのか」あるいは「経費を削減した結果、利益が出たのか」など、どのような過程を経て生じた利益なのかわからないという問題があるのです。

　利益の発生原因がわかる方法は、損益計算です。詳しくは、「第2章　損益計算書の読み方」のページをごらんください。

資産

02

財務会計上の資産は、会社に帰属し、貨幣を尺度とする評価が可能で、将来的に会社に収益をもたらすことが期待される経済的価値のことをいいます。①流動資産、②固定資産、③繰延資産の３種類に区分されます。

1 流動資産

流動資産は、現金預金、受取手形、売掛金、棚卸資産など、会社の通常の営業取引上生じた資産には正常営業循環基準が適用され、それ以外は決算日後１年以内に現金化できるものとして、一年基準が適用されます。

2 固定資産

固定資産は、１年以上継続的に保有される資産で、「有形固定資産」「無形固定資産」「投資その他の資産」に分けられます。まず有形固定資産は形を有する資産であり、土地、建物、機械、備品などが含まれます。土地以外の

有形固定資産は時間とともに経済的価値が減少していくため、減価償却の処理を行います。

次に無形固定資産は形を有しないが経済的価値を有する資産で、暖簾、特許権、商標権、意匠権、著作権、借地権などが含まれます。また、投資その他の資産は、会社の主たる事業には用いられずに長期に保有される資産で、投資有価証券、長期貸付金などが含まれます。

3　繰延資産

繰延資産は、合理的な期間損益計算の観点から、ある営業年度の特定の支出をその年度だけの費用とはせずに、貸借対照表上の資産の部に計上し、その後数年度にわたって償却される資産です。繰延資産は会社法により創立費、開業費、開発費、株式交付費、社債発行費の５つに限定されています。

第1章 ● 貸借対照表の読み方

貸借対照表

○○○○株式会社　　　　　　　　　　　　平成 00 年 3 月 31 日現在

資産の部		負債の部	
①流動資産	(106,825,189)	①流動負債	(90,293,733)
現金・預金	22,445,738	買掛金	64,504,660
受取手形	18,366,837	未払費用	2,713,490
売掛金	44,296,665	未払法人税等	5,893,600
有価証券	869,700	未払消費税等	3,150,200
たな卸資産	19,490,649	預り金	2,370,283
前払費用	1,845,600	賞与引当金	11,661,500
貸倒引当金	△ 490,000	②固定負債	(101,480,548)
		長期借入金	101,480,548
		負債の部合計	191,774,281
②固定資産	(185,351,592)	純資産の部	
有形固定資産	(184,917,322)	①株主資本	(100,402,500)
建物	34,359,438	1.　資本金	10,000,000
機械・装置	47,843,671	2.　資本剰余金	(0)
車両・運搬具	11,629,100	3.　利益剰余金	(90,402,500)
工具・器具・備品	5,498,113	（1）利益準備金	3,346,900
土地	85,587,000	（2）その他利益剰余金	(87,055,600)
		別途積立金	24,000,000
		繰越利益剰余金	63,055,600
無形固定資産	(434,270)	②評価・換算差額等	(0)
リサイクル預託金	13,270	③ 新株予約権	(0)
電話加入権	421,000	純資産の部合計	100,402,500
投資その他の資産	(0)		
③ 繰延資産	(0)		
資産の部合計	292,176,781	負債・純資産の部合計	292,176,781

03

負債・純資産

　財務会計上の負債は、返済等の必要がある経済的負担のことをいいます。①法律上の債務（買掛金・借入金などの確定債務、退職給与引当金などの条件付債務、法人税引当金などの金額不確定債務）と②法律上の債務ではないが合理的な期間損益計算の観点から負債として計上される項目（修繕引当金）が含まれます。

　負債は流動負債と固定負債とに区別されます。

1　流動負債

　流動負債は、支払手形、買掛金など会社の通常の営業取引上生じた負債には正常営業循環基準が適用され、弁済期限が1年以内に到来する借入金などは一年基準が適用されます。

2　固定負債

　固定負債は、通常 1年以上後に弁済期限が到来する負

第1章●貸借対照表の読み方

債で、社債や長期借入金のほか、退職給与引当金などの
ように1年を越えて使用される長期負債性引当金も含ま
れます。

3 純資産

　純資産は、資産総額から負債総額を差し引いた正味の
資産を指します。

　純資産は、貸借対照表上では負債とともに貸方に記載
され、出資者に帰属することが明確な株主資本と、株主
資本以外の項目に区分されます。

　株主資本は、資本金に属するものと、剰余金に属する
ものとに区分されます。

　資本金は、出資者が出資した資金のうち会社の事業の
元手として会社内部に維持されるものをいいます。

　資本剰余金は、出資者が出資した資金のうち、資本金
には含まれないものを指し、会社が出資資本を用いて事
業を行ったことで得られた利益からなります。

貸借対照表

○○○○株式会社 平成 00 年 3 月 31 日現在

資産の部		負債の部	
①流動資産	(106,825,189)	①流動負債	(90,293,733)
現金・預金	22,445,738	買掛金	64,504,660
受取手形	18,366,837	未払費用	2,713,490
売掛金	44,296,665	未払法人税等	5,893,600
有価証券	869,700	未払消費税等	3,150,200
たな卸資産	19,490,649	預り金	2,370,283
前払費用	1,845,600	賞与引当金	11,661,500
貸倒引当金	△ 490,000	②固定負債	(101,480,548)
		長期借入金	101,480,548
		負債の部合計	191,774,281
②固定資産	(185,351,592)	純資産の部	
有形固定資産	(184,917,322)	①株主資本	(100,402,500)
建物	34,359,438	1．資本金	10,000,000
機械・装置	47,843,671	2．資本剰余金	(0)
車両・運搬具	11,629,100	3．利益剰余金	(90,402,500)
工具・器具・備品	5,498,113	（1）利益準備金	3,346,900
土地	85,587,000	（2）その他利益剰余金	(87,055,600)
		別途積立金	24,000,000
		繰越利益剰余金	63,055,600
無形固定資産	(434,270)	②評価・換算差額等	(0)
リサイクル預託金	13,270	③ 新株予約権	(0)
電話加入権	421,000	純資産の部合計	100,402,500
投資その他の資産	(0)		
③ 繰延資産	(0)		
資産の部合計	292,176,781	負債・純資産の部合計	292,176,781

第 2 章

損益計算書の読み方

01

損益計算書
（P／L）の形式

1 損益計算書の特徴

　損益計算書は、企業の一定期間における経営成績を示す財務諸表です。損益計算書の簡単な形式は次ページの図のとおりですが、式に表すと「**当期純利益＝収益－費用**」となります。

　一会計期間の収益から費用を差し引いて利益を算定する方法を「損益法」といいます。収益と費用の対応から利益を計算するので、利益の発生原因が明らかになるという長所がある一方、あくまで計算上の利益で、必ずしも資産の裏づけのある利益とは言えない場合があるという短所もあります。

　貸借対照表が一時点での状況を表すストックの概念であるのに対して、損益計算書は一定期間の会社の活動をすべて集計したフローの概念と言えます。

第2章●損益計算書の読み方

| 損益計算書 |
| 自平成○年○月○日　至平成○年○月○日 |

| 費用 | 収益 |
| 当期純利益 | |

2 損益計算書が示す5つの利益

　損益計算書は、収益を売上高、営業外収益、特別利益の3つに、費用を売上原価、販売費および一般管理費、営業外費用、特別損失、法人税等の5つに分類し、5段階の利益、つまり①売上総利益、②営業利益、③経常利益、④税引前当期純利益、⑤当期純利益を算出していくように構成されています。

　収益については、本業での収益を売上高、財務活動を中心とした通常の状態で得られる本業以外の収益を営業外収益、臨時あるいは異常な状態で発生する収益を特別利益とします。

　費用については、売上の直接的なコストを売上原価、販売や一般的な管理のための費用を販売費および一般管理費、財務活動を中心とした通常の状態で発生する本業以外の費用を営業外費用、臨時あるいは異常な状態で発生する費用を特別損失、税金を法人税等としています。

02

5つの利益①
売上総利益

1 売上高から原価を引いた利益

売上総利益とは、売上高から売上原価をマイナスしたもので、一般的には粗利益と呼ばれています。

式に表すと「売上総利益＝売上高－売上原価」となります。

売上高は、商品・製品やサービスの提供などの企業の主たる営業活動によって得た収益です。業種によっては特有の科目を用いる場合もあります（建設業の「完成工事高」など）。

売上原価は、商品・製品やサービスの提供などにかかった費用をいい、小売業では仕入原価、製造業では製造原価を指します。製造原価のなかには、原材料や部品だけでなく、製造担当者の人件費である労務費、機械の減価償却費や電気代なども含まれます。

2　業界による計算方法の違いも

　売上総利益は、業界によって計算方法が異なる場合があります。

　たとえば、フランチャイズ・ビジネスの場合、加盟店の販売価格と仕入価格は推奨価格として決められているケースが多く、売上総利益率は本部が決めた標準値に近くなり、値付けと仕入ミックスによるうまみは薄いが、安定した利益率は確保できるというメリットがあります。また、コンビニエンスストアの場合は、ロイヤリティは売上総利益に対して一定率を掛けて徴収される仕組みが多いが、その際加盟店は、廃棄ロス原価や棚卸ロス原価を負担するほかに、これらのロス原価を売上原価に含めないで売上総利益が計算されるため、ロイヤリティ計算において、加盟店は不利益を蒙るという議論があります。言葉の定義、計算方法、仕組み採用の目的や趣旨などについて、加盟店に対して契約内容の十分な説明がされていないとトラブルを招きやすいということがあります。

第2章 ● 損益計算書の読み方

〔売上高〕		50,000
〔売上原価〕		32,500
売上総利益		17,500
〔販売費及び一般管理費〕		
販売促進費	3,000	
給料手当	3,000	
荷造発送費	400	
広告宣伝費	1,000	
交際接待費	1,000	
旅費交通費	500	
地代家賃	500	
減価償却費	500	
雑費	100	10,000
営業利益		7,500
〔営業外収益〕		
受取利息・配当金	500	500
〔営業外費用〕		
支払利息・割引料	1,000	
雑損失	2,000	3,000
経常利益		5,000
〔特別損失〕		
固定資産売却損	1,000	1,000
税引前当期純利益		4,000
法人税等		2,000
当期純利益		2,000

売上高から売上原価を引いて出された1年間の粗利益の集計

27

03

5つの利益②
営業利益

1 売上総利益から販管費を引いた利益

　営業利益とは、企業の営業活動によって獲得した利益のことです。前項の売上総利益から販売費及び一般管理費（販管費）をマイナスして計算します。

　企業会計原則の損益計算書原則三では、「営業損益計算は、一会計期間に属する売上高と売上原価とを記載して売上総利益を計算し、これから販売費及び一般管理費を控除して、営業利益を表示する」とあります。

　これを式に表すと、「営業利益＝売上総利益－販売費及び一般管理費」となります。

2 販管費とは

　販売費と一般管理費（販管費）は企業の販売活動及び一般管理活動によって発生した費用のことです。販売費には販売員の人件費や広告宣伝費などが、一般管理費に

第2章●損益計算書の読み方

〔売上高〕		50,000
〔売上原価〕		32,500
	売上総利益	17,500
〔販売費及び一般管理費〕		
販売促進費	3,000	
給料手当	3,000	
荷造発送費	400	
広告宣伝費	1,000	
交際接待費	1,000	
旅費交通費	500	
地代家賃	500	
減価償却費	500	
雑費	100	10,000
	営業利益	7,500
〔営業外収益〕		
受取利息・配当金	500	500
〔営業外費用〕		
支払利息・割引料	1,000	
雑損失	2,000	3,000
	経常利益	5,000
〔特別損失〕		
固定資産売却損	1,000	1,000
	税引前当期純利益	4,000
	法人税等	2,000
	当期純利益	2,000

売上総利益から販売費及び一般管理費を引いて出された本業の儲け

29

は管理部門の人件費や交通費などがあります。また、営業利益は、本業の利益を表す指標として使われるもので、資産運用などによって計上される利益は含まれません。

営業利益を大きくするためには、売上高を上げること、仕入価格（原価）や販売経費や販売手数料、広告宣伝費など（販売費）、水道光熱費、人件費（一般管理費）を抑えるなどの方法があります。

3　営業利益率を出すために用いる

営業利益は、会社の儲けやすさを見るための指標である売上高営業利益率を計算するときに用いられます。売上高営業利益率は業種によって異なりますが、目安として5～10%以上であれば効率のよい会社と言えます。

04

5つの利益③
経常利益

1 営業利益から営業外損益を加減

　経常利益とは、営業利益に営業外収益（受取利息、受取配当金、有価証券売却益など）をプラスし、営業外費用（支払利息、有価証券売却損、有価証券評価損など）をマイナスしたものです。

　企業会計原則の損益計算書原則五では、「経常利益は、営業利益に営業外収益を加え、これから営業外費用を控除して表示する」とあります。

　これを式に表すと、「経常利益＝営業利益＋営業外収益－営業外費用」となります。

2 営業外収益及び費用とは

　営業外収益および営業外費用は、主に企業の財務活動から生じる収益・費用であり、経常的に発生する可能性があります。

3　企業の経常的な採算性を示す指標

　経常利益は、資金調達の巧拙を含めた、企業の経常的な採算性を表す指標です。企業内部では経営の通信簿としての意味を持ち、企業外部では、今後の企業の動向を判断するための重要な材料になることから、投資家が企業の業績を判断する上で最も重視する指標のひとつです。前年度比で経常利益を比べたり、あるいは同業他社との利益比較をすることができます。

　経常利益を売上高に対する比率で算出したものを「売上高経常利益率」といいます。売上高経常利益率は、「経常利益÷売上高」で計算され、この比率が高いほど総合的な収益力で得られる利益の効率が高いと言えます。

　業種によって異なりますが、目安として5～6％以上であれば効率のよい会社と言えます。

第2章 ● 損益計算書の読み方

〔売上高〕		50,000
〔売上原価〕		32,500
売上総利益		17,500
〔販売費及び一般管理費〕		
販売促進費	3,000	
給料手当	3,000	
荷造発送費	400	
広告宣伝費	1,000	
交際接待費	1,000	
旅費交通費	500	
地代家賃	500	
減価償却費	500	
雑費	100	10,000
営業利益		7,500
〔営業外収益〕		
受取利息・配当金	500	500
〔営業外費用〕		
支払利息・割引料	1,000	
雑損失	2,000	3,000
経常利益		5,000
〔特別損失〕		
固定資産売却損	1,000	1,000
税引前当期純利益		4,000
法人税等		2,000
当期純利益		2,000

営業利益に営業外損益を加減して
出されたもの

05

5つの利益④
税引前当期純利益

1 経常利益に特別損益を加減

　税引前当期純利益とは、経常利益に特別利益をプラスし、特別損失をマイナスして求めます。税金を計上する前の、当期間の総合的な利益です。これを式に表すと、「税引前当期純利益＝経常利益＋特別利益－特別損失」となります。

2 純粋な当期利益を示す

　税引前当期純利益は、臨時的な損益を損益計算から除外しないで、一会計期間に発生したすべての収益から一会計期間に発生したすべての費用をマイナスして計算した利益です。したがって、税引前当期純利益は、純粋な当期の企業の経営活動の成果であり、投下資本の回収余剰として、期間的な処分可能利益であるとされます。

第2章●損益計算書の読み方

〔売上高〕		50,000
〔売上原価〕		32,500
	売上総利益	17,500
〔販売費及び一般管理費〕		
販売促進費	3,000	
給料手当	3,000	
荷造発送費	400	
広告宣伝費	1,000	
交際接待費	1,000	
旅費交通費	500	
地代家賃	500	
減価償却費	500	
雑費	100	10,000
	営業利益	7,500
〔営業外収益〕		
受取利息・配当金	500	500
〔営業外費用〕		
支払利息・割引料	1,000	
雑損失	2,000	3,000
	経常利益	5,000
〔特別損失〕		
固定資産売却損	1,000	1,000
	税引前当期純利益	4,000
	法人税等	2,000
	当期純利益	2,000

経常利益に特別損益を加減して出されたもの

35

3 特別損益とは

　企業会計原則注解で特別損益に属する項目としては、以下のようなものがあります。金額の僅少なもの、または毎期経常的に発生するものは、経常損益計算に含めることができるとされています。つまり、ある費用及び収益を経常損益とするか特別損益とするのかは、かなりの部分で経営者の判断に任されているということです。

臨時損益
● 固定資産売却損益
● 転売以外の目的で取得した有価証券の売却損益
● 災害による損失

前期損益修正
● 過年度における引当金の過不足修正額
● 過年度における減価償却の過不足修正額
● z 過年度におけるたな卸資産評価の訂正額

06

5つの利益⑤
当期純利益

1 税金を引いた最終的な利益

　当期純利益（税引後当期純利益）は、税引前当期純利益から、法人税等をマイナスした利益のことです。企業にとって最終的に手元に残る利益と言えます。

　企業会計原則の損益計算書原則八では、「当期純利益は、税引前当期純利益から当期の負担に属する法人税額、住民税額等を控除して表示する」とあります。（旧商法の計算書類規則では「当期利益」と呼んでいましたが、会社法の計算規則では、旧証券取引法（現在の金融商品取引法）の財務諸表等規則と同じく「当期純利益」と呼びます）

　これを式に表すと、「**当期純利益（税引後当期純利益）＝税引前当期純利益－法人税、住民税及び事業税＋法人税等調整額**」となります。法人税等調整額は税効果会計を適用した場合に生じる調整項目です。

2　投資家（株主）が最も注目する利益

　当期利益は、その一部が役員賞与に廻り、一部が配当に還元され、また一部が企業のさらなる成長のための投資の原資となることから、投資家（株主）が最も注目する利益です。

3　処分可能な利益の効率性を示す

　当期純利益を売上高に対する比率で算出したものを売上高当期純利益率といいます。この比率が高いほど、その年に得られた処分可能な利益の効率が高いと言えます。業種によって異なりますが、目安として3〜4％以上であれば効率のよい会社と言えます。

第2章 ● 損益計算書の読み方

〔売上高〕		50,000
〔売上原価〕		32,500
売上総利益		17,500
〔販売費及び一般管理費〕		
販売促進費	3,000	
給料手当	3,000	
荷造発送費	400	
広告宣伝費	1,000	
交際接待費	1,000	
旅費交通費	500	
地代家賃	500	
減価償却費	500	
雑費	100	10,000
営業利益		7,500
〔営業外収益〕		
受取利息・配当金	500	500
〔営業外費用〕		
支払利息・割引料	1,000	
雑損失	2,000	3,000
経常利益		5,000
〔特別損失〕		
固定資産売却損	1,000	1,000
税引前当期純利益		4,000
法人税等		2,000
当期純利益		2,000

税引前当期純利益から税金を引い
て出された利益

07

変動費と固定費

1 損益分岐点

　経営者なら損益計算書の数値を見て、「赤字にならない売上高はどのくらいだろうか」とか、「目標利益を達成するにはどの費用を削るのが効果的だろうか」などと、いろいろな経営に関する疑問を持ったことがあるでしょう。

　損益分岐点（ＣＶＰ）分析はそのような経営者の疑問に答えるために生まれてきました。損益分岐点とは、簡単に言ってしまうと、費用項目を**変動費**と**固定費**に区分することにより、売上や利益の予測が可能になるということです。

2 変動費と固定費

　財務会計においては、直接原価ではなく全部原価に基づいて原価計算が行われているため、財務諸表上は、変動費と固定費は区分されていません。

売上高	×××
－変動原価	×××
限界利益	×××
－固定原価（労務費他）	×××
－固定費	×××
貢献利益	×××

経営者が経営計画や予算を作成するときなど、売上高や利益との関係をシミュレーションしてみたくなると思われます。そのようなときには決算書を作成するためのデータだけでなく、費用を変動費と固定費とに区分して把握する必要が出てくるのです。つまり、目標利益を達成する場合、販売数量や販売価格、製造原価（変動費）、製造原価（固定費）の数字を動かしながら、最も達成度合いが高い数量、価格、費用の組み合わせを探すというときに費用を変動費と固定費とに区分する考え方が必要となるわけです。

　変動費とは売上高や操業度によって比例的に増減する費用（直接材料費など）です。

　一方、固定費とは短期間では売上高や操業度の増減と関係なく一定に発生する費用（機械の減価償却費など）のことです。人件費の場合、正社員は固定費、パートタイマーは変動費となるのが通常のケースです。

統制可能費と
統制不能費

　営業経費を管理の面から分解すると、統制（管理）可能費と統制（管理）不能費に分けることができます。

1　統制可能費とは

　統制（管理）可能費は、管理上の政策や方針によって少なくも多くもできる経費で、接待交際費や冷暖房費、会議費などがこれにあてはまります。経費節減のためには、現在支出されている経費が、会社の方針とその経費の効率の面から、本当に必要なものかどうか検討する必要があります。

2　統制不能費とは

　これに対して、統制（管理）不能費は、給与、租税公課、保険料、支払利息など、通常では営業方針や政策によって削減できない経費です。ただし非常事態に直面した場合には、政策転換等で思い切った節約を図ることが

必要です。

　また、販売費や一般管理費は、その科目が非常に多いため、経理上の処理に十分配慮する必要がありますが、特に税務上、その処理方法の如何が税負担の増減に大きく影響することを十分に考えておかねばなりません。いわば経費節減の方策は、税務対策面からの効果も期待できると言えます。

　建設業を例に挙げると、施工手法や現場の施工努力によって変動する原価が統制（管理）可能費であり、すべての原価の中から統制（管理）可能費を分離することが、原価管理の成否を左右するのです。

　これに対して施工手法の改善等の努力によっても変動しない原価が統制（管理）不能費です。実行予算による原価管理システムの欠点は、統制（管理）可能費と統制（管理）不能費が予算という金額に混在していることです。したがって、新しい原価管理システムを導入する場合は、実行予算の欠点を十分に認識することが重要です。

第2章　損益計算書の読み方

売上高	×××
−変動原価	×××
限界利益	×××
−個別固定費	×××
−管理可能個別固定費	×××
管理可能利益	×××
−管理不能個別固定費	×××
事業部利益	×××
−共通固定費配賦額	×××
事業部営業利益	×××

第 3 章

キャッシュフロー計算書の
読み方

01

キャッシュフローの重要性

1 「現金の流れ」を見る必要性

　キャッシュフロー計算書は、文字通り「現金の流れ」を表します。損益計算書では、上がった利益が実際に入金されているかどうかを把握できませんが、キャッシュフロー計算書では、その入金が済んでいて現金の増加になっているのか、まだ入金されていないのかがわかります。つまり、利益が本当の意味での儲けになっているのかの判断ができるのです。

　また、キャッシュフロー計算書は、現金だけの動きを表しているので、粉飾決算をして利益を増やしたとしても、現金の増加がなければ異常を発見しやすいというメリットもあります。

2 キャッシュフロー計算書の構成

　キャッシュフロー計算書では、会社の活動を3つに分

第3章●キャッシュフロー計算書の読み方

け、それぞれの活動から現金が増えたのか減ったのか、その理由は何かを見られるように作られています。

　投資（**投資活動によるキャッシュフロー**）をするために本業（**営業活動によるキャッシュフロー**）で稼いだキャッシュを充てたのか、借入（**財務活動によるキャッシュフロー**）して投資したのかなどがわかるため、利益が出たかどうかを見る損益計算書よりキャッシュフロー計算書を重視する見方もあります。

3　なぜキャッシュフローが重要か

　企業にとって利益を出すことも重要ですが、その利益が現金として会社に残っていることがさらに重要です。

　たとえば、銀行等から借入をする際、返済能力を審査されますが、実際に返済ができるかどうかはキャッシュフロー計算書を見れば一目瞭然です。会社の本業（営業活動によるキャッシュフロー）で獲得できるキャッシュが潤沢であれば、返済に問題ないと判断されます。

キャッシュフロー計算書の特長

①お金の出入りがわかる

キャッシュフロー計算書は、キャッシュの流れ、動きを表す決算書。つまり、具体的現金の出入りが一目でわかる。

②利益の実態が明らかになる

P／Lでは「利益」とされていても、その入金が済んでいるかはわからない。キャッシュフロー計算書では実際に入金があるのかがわかる。つまり、利益が本当の儲けになっているかを判断できる。

③粉飾決算をしにくい

キャッシュフロー計算書は、実際にある現金などの動きを追うため、架空取引などの粉飾はやりにくい

④経営分析ができる

キャッシュフロー計算書は、現金の不足や無駄なキャッシュの動きがはっきりするため、経営状態などを手軽に判断できる。だから経営者にも役立つ。

02

営業活動によるキャッシュフローの見方①
直接法

　営業活動によるキャッシュフローの表示の仕方には、**直接法**と**間接法**の２つがあります。形式は違いますが、最終的に求められる営業活動によるキャッシュフローの金額は同じです。

1　直接法の特徴

　直接法の特徴は、売上金額をいくら回収し仕入代金や経費をいくら払ったかが一目でわかることです。入金を営業キャッシュイン、支出を営業キャッシュアウトと呼びます。そしてインからアウトを差引いた差額が営業活動によるキャッシュフローです。損益計算書の売上高や仕入高、経常利益とは異なることに注意してください。

　会社の資金獲得の源泉は営業活動です。キャッシュインがアウトより多くなっていなければなりません。またその差が大きいほど本業でキャッシュを獲得できていると言えます。反対に差が小さかったりマイナスになって

51

いる場合は、本業で資金が回っていないことになり、対策を打つ必要があります。

2　直接法の短所

　本業によって、どれだけの資金が獲得できたか、金額が少なかったりマイナスになっている場合は要注意です。営業収入がなぜ売上高と違うのか、商品・材料仕入高がなぜ仕入高と違うのかは、直接法からはわかりません。間接法のキャッシュフロー計算書にそのヒントがあります。

　次の項では間接法の営業キャッシュフローの見方について学習します。

第3章 ●キャッシュフロー計算書の読み方

営業活動によるキャッシュフロー（直接法）

1. 営業活動によるキャッシュフロー		
営業収入	395,505	
受取利息・配当収入	159	本業の収入
雑収入	2121	
キャッシュイン計	397,785	
商品・材料仕入の支出	265,320	
人件費支出	105,468	
その他の経費支出	5,781	本業の支出
利息の支払額	1,193	
法人税等の支払	180	
キャッシュアウト計	377,942	
営業活動によるキャッシュフロー	19,843	

本業で獲得できたキャッシュです。ここがプラスであることが健全な会社経営の条件です。このキャッシュフローが設備投資の資金や定期預金、さらに借入金返済の原資になります。マイナスの場合は、定期預金の解約や資産の売却、借入金による穴埋めが投資キャッシュフローや財務キャッシュフローに表れます。

03

営業活動によるキャッシュフローの見方②
間接法

1　間接法の特徴

　間接法の特徴は、損益計算書の純利益とキャッシュフローとの差異（違い）の内容がわかることです。たとえば、利益とキャッシュフローが違ってくる主な原因に減価償却費や売掛金があります。減価償却費はお金の支出が伴っていない費用なのでキャッシュフローを計算する場合、純利益にプラスします。売掛金は回収によって資金が増えるので残高が減少していれば減少分を純利益にプラスします。直接法のキャッシュフロー計算書ではキャッシュフローの額そのものはわかるのですが、なぜそのような額になるのかが読み取れません。しかし、間接法のキャッシュフロー計算書はそれが可能です。

　業績を示す部分は損益計算書の利益をキャッシュフロー計算書的に書き直している部分です。取引条件を表している部分は、取引をしたがまだお金が動いていない

第3章●キャッシュフロー計算書の読み方

部分を表していると考えるとわかりやすいでしょう。

2　間接法の見方のポイント

　間接法の営業キャッシュフローの見方のポイントは、取引条件を表す部分から問題点や改善点を読み取ることです。簡単に表にすると次のようになります。

項目	残高が増える	残高が減る
売上債権	キャッシュは減る（△）	キャッシュは増える
棚卸資産	キャッシュは減る（△）	キャッシュは増える
買入債務	キャッシュは増える	キャッシュは減る（△）

　売上債権とは、受取手形や売掛金などを指します。
　棚卸資産とは、商品や原材料などの在庫のことです。
　買入債務とは、支払手形や買掛金などを指します。

55

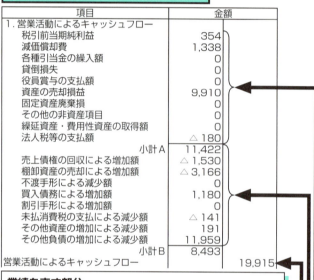

04

営業キャッシュフローの改善

1　利益を伸ばすことと取引条件の改善

　会社のキャッシュフローを改善するためには、営業キャッシュフローを改善する以外ありません。なぜなら営業キャッシュフローは会社の本源的な資金獲得手段だからです。

　キャッシュフロー全体を改善するには、まずキャッシュを獲得して、利益を大きくすることが最も大切です。利益は必ずしもキャッシュに結びつかないことを学んできましたが、キャッシュを得るための土台になります。小さな土台から大きなキャッシュを生み出すことはできません。より多くの売上を上げ、かかるコストを削減して利益の拡大を図ります。

　その次に行うことは取引条件の改善です。売掛金・受取手形、在庫、買掛金・支払手形の3つの項目について残高を管理し改善することで営業キャッシュフローが増

えていきます。

【営業キャッシュフロー改善ポイント】

項目	改善の方向	改善策
税引前当期純利益	大きくする	• 営業努力による売上向上を図る • 原価低減によるコストダウンを図る • 人件費を抑制し経費の節減を徹底する
売掛金・受取手形	残高を減らす	• 滞留売掛金の回収を徹底する • 代金受取の条件を一部現金にしてもらう・売掛や手形のサイトを短くしてもらう • 支払状況の悪い取引先を縮小整理する・手形を割り引く
在庫	残高を減らす	• 売れていない商品を処分し、現金化する • 大量仕入れをして、必要ない仕入れはしない • 適正な在庫量を把握する
買掛金・支払手形	残高を増やす	• 現金仕入を買掛にしてもらう • 買掛や手形のサイトを長くしてもらう

第3章●キャッシュフロー計算書の読み方

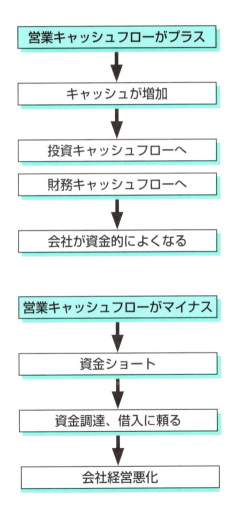

05

投資活動による
キャッシュフローの見方

1 投資キャッシュフローとは

　投資キャッシュフローに区分される取引には、定期預金、株式などの有価証券、土地・建物や機械装置などの有形固定資産、保険積立金、貸付金などがあてはまります。いずれも将来への蓄え、次のステップへの準備のための支出です。

2 投資キャッシュフローを見るポイント

　投資活動によるキャッシュフローを見る場合、まず資産の売却や解約等がないか確認します。投資活動が行われている場合は、投資キャッシュフローはマイナスで表示されますが、逆に各項目にプラスの数字が目立つような場合は、定期預金や保険を解約したり、株式や固定資産を売却したりして運転資金（営業キャッシュフロー）に充てていることが予想されます。

次に投資が行われている場合は、会社がどのような分野に投資しているかを見ます。投資の性格で資金状態やその会社の企業マインドがわかります。

最後に投資キャッシュフローの原資が何であるかを確認することが重要です。自己資金（営業キャッシュフロー）の範囲で投資を行っているのか、借入金（財務キャッシュフロー）によって行っているのかということです。全額自己資金で行うのがキャッシュフロー経営の原則です。

【投資キャッシュフローの見方のポイント】
　①資産の売却や解約はないか（金額がプラスの項目はないか）
　②どのような分野に投資しているのか（貯蓄・設備投資・資産運用）
　②投資の原資は何か（自己資金か、借入か）

投資キャシュフローの項目から見方のポイント

投資ＣＦの項目	マイナス	プラス	性格	留意点
定期預金の解約・積立	積立	解約	貯蓄	解約の場合は営業ＣＦの穴埋めの可能性あり
有価証券の売却・購入	購入	売却	資産運用	売却の場合は、ＣＦが何に使われているかを確認する
有形固定資産の売却・購入	購入	売却	設備投資	売却の場合は、ＣＦが何に使われているかを確認する
無形固定資産の売却・購入	購入	売却	設備投資	売却の場合は、ＣＦが何に使われているかを確認する
保険積立金の解約・積立	積立	解約	貯蓄	解約の場合は営業ＣＦの穴埋めの可能性あり
その他投資額の増減	購入	売却	資産運用	内容の確認（会員権等）
貸付金の回収額	貸付	回収	貸付	貸付先や回収見込みに注意

06

財務活動による
キャッシュフローの見方

1　財務キャッシュフローとは

　財務キャッシュフローに区分される取引には、他人資本である借入金、自己資金である増資、株主への配当金の支払等があります。借入金や増資による資金調達は必要な資金が不足しているため実施します。

　つまり財務キャッシュフローには、「営業キャッシュフロー→投資キャッシュフロー」と流れてきたキャッシュの状態が表れます。ここでキャッシュが不足していれば、手当てが必要になるため財務キャッシュフローは必ず増加します。逆にキャッシュに余力があれば借入金の返済や配当金の支払に回すことができるわけです。

2　財務キャッシュフローを見るポイント

　したがって、財務キャッシュフローを見る場合、まず借入金の増加がないかを確認します。

借入金による資金調達が行われている場合、財務キャッシュフローはプラスで表示されます。逆にマイナスの場合には借入金の返済が進んでいることがわかります。

　借入金による資金調達が行われている場合、調達したキャッシュが何に使われているのかを確認することが重要です。長期借入金が増加している場合は、投資キャッシュフローの有形固定資産の購入と関係があることが考えられます。

　また、短期借入金が増加している場合は、運転資金の不足を穴埋めしていることが考えられます。短期借入金の増加原因が設備投資である場合は、長期的な投資を短期資金でまかなうことになるので、返済の見通しについて注意すべきです。

　最後に資金調達の費用にも注意を払います。この費用は支払利息で、営業キャッシュフローに表れます。お金を借りるとそれ以上のキャッシュが流出することを意識してください。

第3章●キャッシュフロー計算書の読み方

財務キャッシュフローの項目の見方のポイント

財務ＣＦの項目	マイナス	プラス	留意点
短期借入金の増加額	返済	借入	借入の場合は営業ＣＦの穴埋めの可能性あり
長期借入金の増加額	―	借入	借入金に何が使われているかを確認する
長期借入金の返済額	返済	―	
その他の借入金の増加額	返済	借入	借入先を確認する
増資による収入	―	増資	
配当金等利益処分による支出	支出	―	

07

フリーキャシュ
フロー

1　フリーキャッシュフローとは

　フリーキャッシュフローとは、会社のお金のうち自由に使えるお金のことを言います。本業で稼いだ資金（営業キャッシュフロー）を設備投資など（投資キャッシュフロー）に使った残りのお金がそれに該当します。

　このフリーキャッシュフローがたくさんあれば、借入金を早く返済して財務体質を改善することができます。新規事業への投資もできます。また株主へ配当することもできます。つまり、フリーキャッシュフローは、会社を現状からより成長発展させるための原資なのです。

2　フリーキャッシュフローを増やすには

　フリーキャッシュフローを増やすためには、営業キャッシュフローを増加させるか、投資キャッシュフローの差し引き分を小さくすることです。少なくとも５年平均

でフリーキャッシュフローがプラスとなる範囲、つまり営業キャッシュフローを超えない範囲で設備投資を行うべきと言えます。

3　よい会社の条件の1つ

　これまではよい会社の条件は、売上や利益が伸びているか、資産が多いかの2つが代表的なものでした。しかし、これからはフリーキャッシュフローをたくさん生み出しているという条件の方が重視されます。

　なぜならば、借入金なしの経営、戦略的な設備投資、株主からの高い評価といった可能性が数字で示されているからです。これは会社の強さ、信用度のアップにつながり、より会社の価値を高めるのです。

【フリーキャッシュフローの計算式】

　フリーキャッシュフロー＝税引後利益＋償却費－設備投資－増加運転資本税引後利益＝税引前利益［経常利益－受取利息＋支払利息］×（1－実効税率）

有形固定資産の売却・購入	0	
無形固定資産の売却・購入	0	
保険積立金の解約・積立	116	
その他投資額の増減	14,330	
貸付金の回収額	0	
投資活動によるキャッシュフロー		126
フリーキャッシュフロー(営業ＣＦ＋投資ＣＦ)		19,969
3.財務活動によるキャッシュフロー	5,781	
短期借入金の増加額	△ 20,000	
長期借入金の増加額	0	
長期借入金の返済額	△ 1,104	

フリーキャッシュフロー
この部分が自由（フリー）に使えるキャッシュフローです。本業で稼いだキャッシュから投資で支出したキャッシュの残額です。

08

理想的なキャッシュ
フローとは

　会社の経営イメージはキャッシュフロー計算書の形に
することができます。形がわかれば自社のキャッシュフ
ロー計算書と比較してどこをどう改善すればよいのかも
わかってきます。

1　営業キャッシュフロー

　会社の資金獲得の源泉です。多くの売上を上げコスト
ダウンしてできるだけ利益を出します。また売掛金を回
収し在庫を適切に管理しておカネになっていないものを
早く資金化します。このようにして営業キャッシュフ
ローのプラス金額を増やしていきます。

2　投資キャッシュフロー

　技術の進歩や世の中の移り変わりが激しい昨今では、
将来を見据えた投資をしていかないと先細りになってし
まいます。したがって、定期預金や株式など資金の蓄え

や運用、設備投資や店舗拡大など投資にもお金を使う必要があります。営業キャッシュフローの範囲で行うのが理想です。

3 財務キャッシュフロー

安易に借入金に頼る経営は、破綻を招きます。借入金は早く返してしまうことが理想に近づくための第一歩です。

【理想のキャッシュフロー計算書】

営業キャッシュフロー	プラスの金額が大きい	売上や利益がたくさん伸びていて資金がたくさんある
投資キャッシュフロー	営業ＣＦの範囲でマイナスである	設備投資が適切に行われている
フリーキャッシュフロー	プラスの金額が大きい	設備投資をしてもなお資金に余裕がある
財務キャッシュフロー	借入金ゼロ、または増えていない	無借金経営である

第3章 ●キャッシュフロー計算書の読み方

【キャッシュフロー計算書＜直接法＞】

項目	金額
1．営業活動によるキャッシュフロー	
営業収入	395,505
受取利息・配当収入	159
雑収入	2,121
キャッシュイン計	397,785
商品・材料仕入の支出	
人件費支出	
その他の経費支出	
利息の支払額	1,193
法人税等の支払	180
キャッシュアウト計	377,942
営業活動によるキャッシュフロー	19,843
2．投資活動によるキャッシュフロー	
定期預金の解約・積立	
有価証券の売却・購入	
有形固定資産の売却・購入	
無形固定資産の売却・購入	
保険積立金の解約・積立	116
その他投資額の増減	14,330
貸付金の回収額	0
投資活動によるキャッシュフロー	126
フリーキャッシュフロー(営業ＣＦ＋投資ＣＦ)	19,969
3．財務活動によるキャッシュフロー	
短期借入金の増加額	△ 20,000
長期借入金の増加額	
長期借入金の返済額	
その他借入金の増加額	
増資による収入	0
	△ 21,104
	△ 1,135
	25,045
現金・預金の期末残高	23,910

営業ＣＦの理想
「プラスの金額が大きい」

投資ＣＦの理想
「営業ＣＦの範囲でマイナスである」

フリーＣＦの理想
「プラスの金額が大きい」

財務ＣＦの理想
「借入金０、または増えていない」

71

09

貸借対照表・損益計算書・
キャッシュフロー計算書の関係

1　貸借対照表と損益計算書だけでは不十分

　貸借対照表は、ある時点のカネやモノなどの資産とそれを調達した原因の負債、純資産の金額を表しており、今財産がどのくらいあるのかを把握することができます。

　損益計算書は、一定期間に得た収益とその収益を得るために使った費用（原価・経費）の金額を表します。会社がどのくらい売上を上げているのか、利益を出しているのか損をしているのかを把握することができます。

　しかし、貸借対照表と損益計算書だけではわからないことがあります。それはカネの増減の状況です。資金をどこから調達しどのように使っているのか、その内容は健全なのか、これを明らかにするのがキャッシュフロー計算書です。

第3章 キャッシュフロー計算書の読み方

2　3つの決算書をチェックすることの大切さ

　この3つの決算書が表す事柄の違いは、自分の体重を表す方法に当てはめて考えるとわかりやすくなります。

- **貸借対照表**……現在の体重 60kg である
- **損益計算書**…… 1 年間で体重は 10kg 増加している
- **キャッシュフロー計算書**……体重増加の内訳は筋肉減 2kg、脂肪増 10kg、水分増 2kg である

　企業は以上3つの決算書それぞれの帳尻が合ってはじめて存続を保つことができます。裏を返せば、どれかひとつでも帳尻が合わなければいずれ倒産が待っています（キャッシュフローが合わない場合には、待ってくれるひまもないですが）。

　その意味で倒産の予兆は必ず決算書に表れます。どれか1つの数字がよくても、必ずしも喜んでばかりはいられません。3つの決算書それぞれに目を配って、「予兆」のうちに芽を摘んでおくことが求められます。

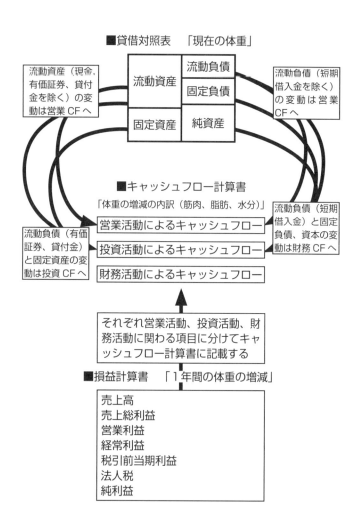

第 4 章

財務分析

01

財務分析の必要性

1 財務分析とは

　財務分析とは、貸借対照表や損益計算書などの決算書、または月次決算書等などの企業が作成した経営資料及び経営情報を分析して、企業の内容及び状態を把握することです。たとえば、損益の状態（収益性）と収支の状況（流動性）が良好かどうか、財貨の生産や販売の状況（生産性）が良好かどうか、また、どの程度良好か、収益性や流動性等が好転しているかどうかというようなことを把握することが目的です。

　これらの数値を利用して、意思決定に役立てるための諸技法が決算書分析です。決算書を分析することが経営分析の中心であり、企業経営にとって重要なことです。

2 財務分析を行う意味

　決算書は、法的な側面からは投資家や債権者などの外

第4章 ●財務分析

部の利害関係者に経営内容を報告する目的で会計法規に
強制されながら作成されます。しかし、決算書は経営活
動の結果を表わしていることから、経営内部に対して意
思決定のための有益な情報を与えるものでもあります。
このように決算書分析はいろいろな立場からいろいろな
目的で行なわれます。

　この中で、債権者、投資家、税務当局が分析すること
を外部分析といい、経営者が分析するものを内部分析と
いいます。そして、それぞれの分析は目的が異なること
から、重視する比率やその計算法が異なります。

3　財務分析の種類

　決算書の具体的な分析としては、企業がどの程度収益
力を持っているかを分析する収益性分析、どの程度財務
基盤が安定しているかを分析する流動性分析、どの程度
利益をあげる原動力となっているかの生産性分析、売上
高や利益などがどの程度成長しているかの成長性分析が
代表的なものです。

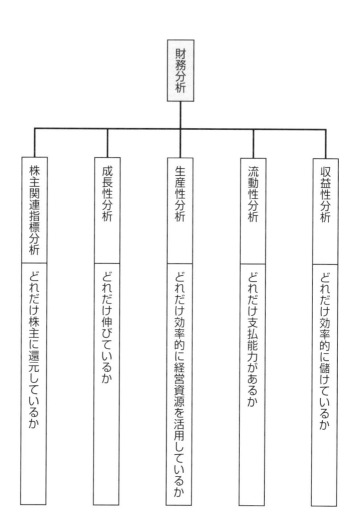

02

貸借対照表分析①
流動と固定の区分

1 「1年以内」という基準

　会社には、現金預金や債権・債務、建物や設備などの資産や負債があります。また、会社の活動は、売上を獲得する活動、製品を生産する活動、商品を買う活動、会社を維持・管理する活動などさまざまです。

　そこで、これらの資産、負債、純資産、収益、費用を一定のルールに基づいて分類し記載することになっています。この分類するときに使う名称を勘定科目といいます。

　取引内容を勘定科目で表現する場合、資産・負債については、1年以内に現金化されるかどうか、支払う必要があるかどうかという基準で流動と固定に分類されます。

2 流動と固定を区分する意味

　この流動と固定の分類には非常に重要な意味がありま

す。貸借対照表を利用して財務分析を行う場合、最も基本的な役割を果たします。会社の最も基本的な財産はやはり現金です。現金以外のすべての資産は、現金で買ったか、預金のように現金が姿を変えたものであり、すべての資産は経営活動を通じて、再び現金として戻ってきます。

　たとえば、材料を現金で購入し、それを元に製品を作り、販売したとします。販売した製品は売掛金になり、いずれ現金や預金として回収されます。すべての資産はこの循環の中に含まれているのですが、それぞれの資産によって現金化までの時間が異なり、この現金化までの時間によって、流動か固定かに分類されます。流動資産を見れば、現金化が早い資産がわかります。

　決算書が読めるようになる第一のポイントは、流動と固定の分類を理解することにあるといっても過言ではありません。

第4章 財務分析

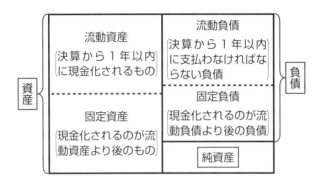

「流動」と「固定」
を分けるポイントは

◎1年以内に現金化されるかどうか

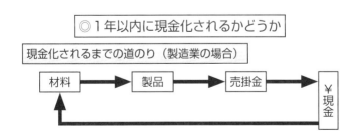

03

貸借対照表分析②
資金バランス

1　入出金のタイムラグ

　貸借対照表で読むべきものは、会社の資金バランスです。どんな会社も入出金のタイムラグがあります。このタイムラグを読むのが資金バランスを知るということです。

　たとえば、小売業の場合、商品を仕入れて店頭に並べ商売がスタートします。この仕入代金を支払うには、お金が必要となります。商品は売れたときに現金に変わりますが、商品の仕入れ代金を払ってから、販売代金を回収するまでの間はお金が回収されない状態になります。これがタイムラグです。

2　運転資金と固定資金

　商売を続けていくのであれば、売れた数だけ、あるいは売上を伸ばそうと思ったときはそれ以上の商品の補充

をしなければなりません。一旦回収されたお金がまたすぐに出て行ってしまいます。このような忙しい資金を運転資金といいます。

　運転資金は、仕入代金の他に人件費や光熱費などの経費の支払いにも充てなければなりません。運転資金は出入りが激しいので、貸借対照表では流動資産として記載されます。

　また、商売には店舗が必要です。賃貸借契約の保証金や店舗の内装や設備に使ったお金は、出たらなかなか戻ってきません。このような資金を設備資金とか固定資金といいます。貸借対照表の固定資産の欄が固定資金の運用の記載です。

　次ページの図のように、貸借対照表の資産の部を上下に分けることで、運転資金の運用と固定資金の運用に分割して見ることができます。

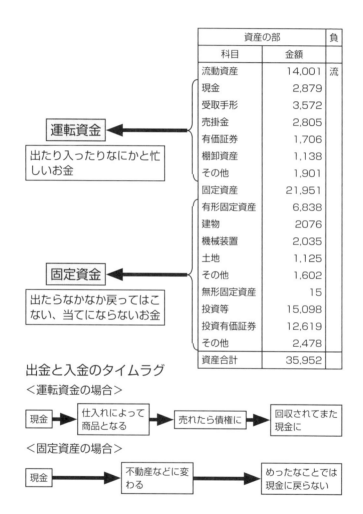

04

貸借対照表分析③
資金の調達先

1　資金バランスを理解する

　貸借対照表の貸方（右側）は資本の調達源泉を表しています。貸方も分割して見ると資金バランスが理解できます。

　貸借対照表の貸方は負債と純資産です。「**負債＝他人資本**」「**純資産＝自己資本**」という意味です。負債は返済しなければならないお金で、純資産は返さなくてよいお金です。負債は本章の01で触れたように、1年以内に返済しなければならない流動負債と1年以上の余裕がある固定負債に分けられます。貸借対照表の貸方を見る場合は、「負債と純資産」という見方ではなく、「**流動負債と固定負債＋純資産**」という方が分析上合っています。これは貸借対照表の借方を「資金の運用」、貸方を「資金の調達」という見方で見比べるとわかります。

2　資金調達と投資

　まず、資産には流動資産と固定資産がありました。流動資産は出入りの忙しい運転資金の運用、固定資産は出たらなかなか戻ってこない固定資金の運用です。

　ここで問題なのは固定資金をどのように調達するかということです。固定資産はいつ現金に戻るかあてにならないわけですから、すぐに返済しなければならない流動負債で賄うのは危険ということです。

　ここで返済しなくもよい自己資本で賄う、ということが固定資産を賄う上で理想だと言うことができます。しかし、自己資本だけで巨額な建物や設備を購入するのは無理な場合が多いです。この場合、やはり借入に頼らざるをえないわけです。

　ここで、固定資産と固定負債＋純資産のバランスを見比べるわけです。自己資本と長期で返済する固定負債とで巨額な固定資産を賄えていれば、無理のない資金で取得したということがわかります。

第4章 ●財務分析

負債及び資本の部の読み方

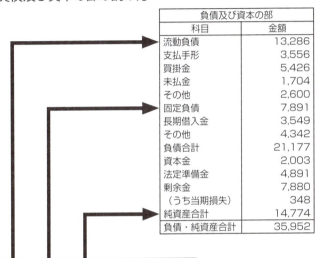

負債及び資本の部	
科目	金額
流動負債	13,286
支払手形	3,556
買掛金	5,426
未払金	1,704
その他	2,600
固定負債	7,891
長期借入金	3,549
その他	4,342
負債合計	21,177
資本金	2,003
法定準備金	4,891
剰余金	7,880
（うち当期損失）	348
純資産合計	14,774
負債・純資産合計	35,952

資本の調達先は3つに分けられる

◎ポイント1

「返さなければならないお金」 → 負債：他人資本

「返さなくていいお金」 → 純資産：自己資本

◎ポイント2

「1年以内に返済するお金」 → 流動負債

「いずれは返済するが、それまでに1年以上の余裕があるお金」 → 固定負債

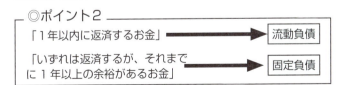

87

05

貸借対照表分析④
流動比率

1 会社の返済能力を見る指標

　流動比率は、流動資産と流動負債の比率から会社の安全性、つまり返済能力を見る指標です。算式で表すと「**流動資産÷流動負債× 100%**」となります。

2 理想の流動比率とは

　この数値が高ければ短期的な支払いを行いやすく、100％以上であれば１年以内に支払不能になる可能性が低いことを意味します。逆に流動比率が 100％を切っている場合、その会社は現在の借金を返すために、また新たな借金をしなければなりません。

　では 100％あれば十分かというと、そうでもありません。

　たとえば、無借金経営をしている会社がよい例です。無借金経営といっても、多くの場合は銀行からの借入がな

第4章 財務分析

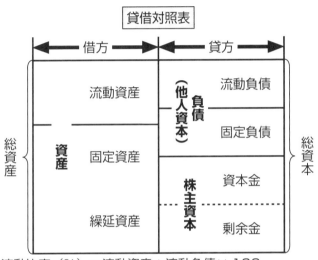

流動比率（％）＝流動資産÷流動負債×100

いという意味であり、仕入代金や経費などの支払債務は普通の会社同様に持っています。

　無借金経営がよいとされるのは、多くの場合、競争が少ない業種や成熟産業、あるいは独占企業の場合です。成長産業では、無借金経営は競合他社との比較で拡大に遅れをとり、競争に負けてしまうリスクを含んでいます。無借金経営でいくら流動比率がよくても、会社として成長力で遅れをとり、競争に負けてしまうのではかえって危険だとも言えます。

　逆に流動比率が100％を割ると危険かというと必ずしもそうとは言えません。電力、ガス会社などは流動比率が低いことが多いのですが、回収は確実で資金化が早いため、安全性は低くないと考えられています。

　流動比率は、一般的には 200％あることが理想と言われています。日本の上場企業平均でみると全業種平均120％超、製造業平均で 170％ぐらいです。

06

貸借対照表分析⑤
当座比率

1 当座資産と棚卸資産

　流動資産の大部分は大きく当座資産と棚卸資産の2つに分けられます。当座資産とは、現金預金、売掛金、受取手形、有価証券、未収金などすぐに現金になるものをいいます。

　これに対して棚卸資産とは、商品や製品などのいわゆる在庫です。在庫というのは売ることによりやがて代金が回収されるという形でお金に変わります。当座資産との違いは、販売というステップを経由するところであり、経営分析上は当座資産のように、次の段階は即お金になるというものとは区別しているのです。

2 流動負債に対する決済資金の割合

　当座比率とは、流動負債に対してどの程度の決済資金が準備されているかを示す数値で、流動比率をより厳し

91

くした概念です。支払いにそのままあてることができる
資産をどれだけ会社が準備しているかを表します。算式
に表すと、「**当座資産÷流動負債× 100%**」です。

3　理想的な当座比率とは

　日本企業の全業種平均では、当座比率は 80％強ぐらい
です。製造業平均では 100％を少し上回っています。願
わくば、当座比率は 100％を確保したいところです。100
％以上あれば、短期的な支払準備について、とりあえず
大丈夫ということになります。

　一般に当座比率が高いほど安全性も高いと解釈できま
すが、会社の当座資産の中に、不良債権など現金化しに
くいものが含まれていると、支払能力があるとは言えな
くなってしまいます。この点は流動比率の落とし穴と同
じです。資産内容のチェックが重要です。

第4章 財務分析

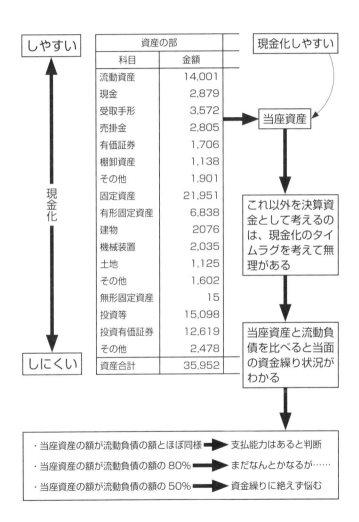

07

貸借対照表分析⑥
固定比率

1 純資産における固定資産の割合

固定比率は、長期にわたって資金を寝かせる固定資産の購入について、どの程度返済の必要性のない純資産（自己資本）で賄っているかをみるものです。算式で表すと、「固定資産÷純資産× 100%」です。

2 固定資産は純資産で賄うべき

商品を仕入れた資金は商品が売れれば回収されますが、固定資産に投下された資金は、その固定資産の耐用年数にわたってゆっくりと回収していくことになります。資金はいったん固定資産になると、減価償却した分だけが毎期資金として回収されます。減価償却するということは、固定資産を事業のために使い、価値が減っていく部分を経理上処理するということです。直接現金が入ってくるわけではありません。投下資本の回収、すなわち「モ

第4章●財務分析

トをとる」という意味では、固定資産はその耐用年数に
わたって使用され、それによって製品を作ったりして役
に立ってくれますので、「モトはとれる」と言えます。し
かし、それは間接的なものであって、固定資産自体から
現金が入ってくるわけではありません。固定資産を取得
するということは、このように経理上、耐用年数にわた
って資金がゆっくりと回収されることにつながります。

　したがって固定資産の購入は、本来すぐに返済しなけ
ればならない借入金ではなく、返済の必要のない純資産
（自己資本）でまかなうべきなのです。

3　理想的な固定比率とは

　日本企業の固定比率は、160％くらいです。この数値が
高いと、固定資産の購入における借入の依存度が高いと
いうことになり、安全性が低いとみなされます。100％を
切っていればまず安心です。

95

資産の部	
科目	金額
流動資産	14,001
現金	2,879
受取手形	3,572
売掛金	2,805
有価証券	1,706
棚卸資産	1,138
その他	1,901
固定資産	21,951
有形固定資産	6,838
建物	2076
機械装置	2,035
土地	1,125
その他	1,602
無形固定資産	15
投資等	15,098
投資有価証券	12,619
その他	2,478
資産合計	35,952

負債及び資本の部	
科目	金額
流動負債	13,286
支払手形	3,556
買掛金	5,426
未払金	1,704
その他	2,600
固定負債	7,891
長期借入金	3,549
その他	4,342
負債合計	21,177
資本金	2,003
法定準備金	4,891
剰余金	7,880
（うち当期損失）	348
純資産合計	14,774
負債・純資産合計	35,952

固定比率（％）＝固定資産÷純資産×100

理想は……

固定資産は純資産でまかなう

08

貸借対照表分析⑦
固定長期適合率

1　設備投資の安全性を見る指標

　会社が設備投資する場合、どれくらいの金額が妥当なのでしょうか。1つの目安として、多くの会社では次のような考え方を持っています。「安全な範囲の投資規模は、毎期の減価償却費の範囲内である」。つまり、減価償却によって価値が減少する分だけ、つけ足していくというやり方です。固定資産の減価償却は、会社にとって資金回収を意味します。

　この考え方を踏まえて、毎年の減価償却費の金額を超える投資をする場合、その会社は拡大積極路線をとっている、逆に下回る場合は、縮小路線をとっていることになります。

　固定比率を補完する指標に固定長期適合率があります。設備投資、つまり長期的な固定資産への投資が、自己資本と固定負債の範囲内で行われているかどうかを判断し

ます。算式で表すと、「**固定資産÷（固定負債＋純資産）× 100％**」です。

2　理想的な固定長期適合率とは

　固定比率が 100％以上の企業は、自己資本の額を超えて固定資産への投資を行っているわけですが、それだけで不健全だと決めつけるわけにはいきません。長期間回収できない投資額でも、長期間借り入れることができる資金で行われているのであれば問題ないからです。つまり、固定長期適合率が 100％以下であれば、問題がないとされます。

　日本企業の固定比率は、全業種平均で 80％強、製造業平均で 70％強になっています。流動比率と固定長期適合率は貸借対照表上で、上と下に分割して検討する指標であり、流動比率と固定長期適合率は連動しています。固定長期適合率が 100％を超えている企業は流動比率が 100％以下となるのです。

第4章 ●財務分析

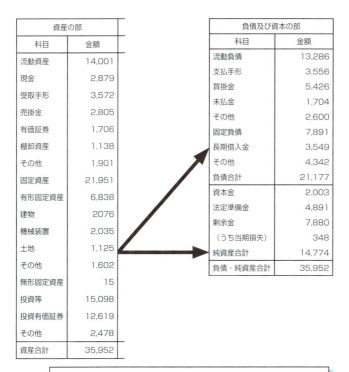

固定長期適合率（％）＝固定資産÷（固定負債＋純資産）× 100

現実は……

固定資産は純資産と固定負債でまかなう

09

貸借対照表分析⑧
財産状況の見極め

1 資金バランスの4パターン

　貸借対照表の固定資産と純資産＋固定負債を比べる際に重要なのは、形で理解し、実際の金額で比べるということです。とりわけ重要なのは、資金の調達が返済の必要のない資金もしくは長期にわたって返済すればいい資金で構成されているかということです。実際の資金バランスの代表的なタイプは、以下の4つになっています。

タイプＡ：固定資産を完全に純資産で賄っている状態です。非常に強固な財政状態にあると言えます。

タイプＢ：固定負債と純資産で固定資産を十分賄いきれている状態です。経営の安全性はかなり高いと言えます。

タイプＣ：固定負債と純資産が固定資産をかろうじて上

第4章 ● 財務分析

資金バランスの4つのタイプ

タイプ A
固定資産＜純資産

流動資産	流動負債
	固定負債
固定資産	純資産

安定度◎

タイプ B
固定資産＜固定資産＋純資産

流動資産	流動負債
	固定負債
固定資産	純資産

安定度○

タイプ C
固定資産≒固定負債＋純資産

流動資産	流動負債
固定資産	固定負債
	純資産

安定度△

タイプ D
固定資産＞固定負債＋純資産

流動資産	流動負債
固定資産	固定負債
	純資産

安定度×

101

回っている状態です。流動資産が流動負債をなんとか上回っているので動きが取れているが、アクシデントがあればよろめきそうな不安定さがあります。

タイプD：固定負債と純資産が固定資産より足りない状態です。流動資産より流動負債のほうが大きいので、資産を現金化してもすぐ出て行ってしまいます。倒産の可能性が大きい経営状態です。

2　流動性配列法

　また、貸借対照表で一般的に用いられている勘定科目の配列法は、流動性配列法というもので、資産の場合は現金を筆頭に流動性の高いもの、つまり換金しやすいものから順番に並べていき、負債・純資産は支払わなければならない度合いの高いものから順番に配列します。つまり、資金的な対策を講じるときには、貸借対照表を上から下へ、換金性の高い科目から低い科目へと見ていくことが重要です。

貸借対照表分析⑨
自己資本比率

1 返済の必要のない資本の割合

　総資本の内、他人から借りた資金はいずれ返済する必要があるため、負債として区別されます。これを他人資本といい、残りの返済の必要のない資本を自己資本といいます。

　自己資本は、株主から出資された出資金、剰余金、準備金、自己株式等から構成されます。また、自己資本比率とは、総資本に対する自己資本の割合をいいます。算式で示すと、「**（総資本－他人資本）÷総資本）× 100%**」です。

　一般に自己資本比率が高いほど負債（借金）が少ないことになり、結果として借入金利の負担がないこと、資金繰りが楽であるなどの理由から健全な経営であると言われています。一方で、少ない自己資本によって企業や組織を設立し、その信用によって他人資本を調達して経

営を行うということは、自己資本を有効に活用している
ということになり、過大な自己資本を調達するよりも機
動的な経営が可能となります。逆に過大な自己資本があ
りながら適当な投資（事業）が行えない場合、いわゆる
「資本が眠る」状態となり、株式会社では株主から「配当
せよ」との圧力が強まる場合があります。

2　理想的な自己資本比率とは

　自己資本比率は、少なくとも 30％は確保したいところ
です。これ以下になると、金利が上昇したときの負担が
重くなる危険性があります。また、自己資本を充実させ
るには、増資と利益の内部留保の2つの方法があります。
増資は、株主もしくは第三者に追加出資してもらえばよ
いですが、利益の内部留保は、儲けた利益を配当や役員
賞与など社外に出すのではなく、社内に余剰金としてた
め込むことです。
　このように、資本を充実させることで会社の安全性は
高まるのです。

第4章 ●財務分析

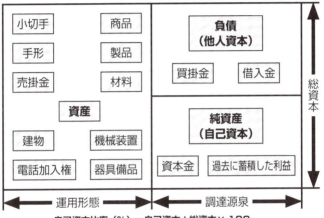

自己資本比率（％）＝自己資本÷総資本×100

11

貸借対照表分析⑩
流動資産科目の着眼点（1）

流動資産の各科目の着眼点は以下のとおりです。

①現金
必要以上の保有をしていないか

②預金（当座預金・普通預金・定期預金・定期積金など）
●すぐに決済資金として使える預金はどの程度あるか
●借入金の担保等で拘束されている預金はないか（借入
金、預金がともに多い場合、定期預金が拘束されてい
る可能性がある）

③受取手形（通常の取引で受け取った約束手形・為替
手形）
●回収できない手形（不渡手形）はないか
●期日の書き換え（手形の差し替え、期日のジャンプ）
はないか、現金化までの日数（受取手形と支払手形が

ともに多い場合、手形の融通の場合がある）

④売掛金（商品や製品の掛売上による売上代金の未回収
　など、営業上の債権）
●何日で現金化できるか（回収サイト）
●貸倒れ、回収遅延など不良債権はないか
●何か月分の売上に相当する残高になっているか（売上
　債権回転率）（月々の売上に比べて売掛残高が非常に多
　い場合、不良債権になっているか、架空売上の可能性
　あり）

⑤有価証券（株券、国債証券、地方債証券、社債券、貸
　付信託の受益証券など）
●評価方法は原価法か低価法か
●含み損はないか
●担保にされ拘束されているものはないか、売買可能な
　市場性のある有価証券か

貸借対照表（バランスシート）

資産		負債	
現金	売掛金	支払手形	短期借入金
預金	有価証券	買掛金	未払金
受取手形		前受金	
商品	原材料	未払法人税	預り金
製品	前渡金	仮受金	未払費用
仕掛品	未収入金	前受収益	賞与引当金
短期貸付金	前払費用	社債	退職給与引当金
仮払金	未収収益	長期借入金	
立替金	貸倒引当金		
建物	器具備品		
構築物	土地		
機械装置	建設仮勘定	純資産	
車両運搬具	投資有価証券	資本金	利益準備金
特許権	差入保証金	資本準備金	
電話加入権	長期貸付金		

貸借対照表分析⑪
流動資産科目の着眼点（2）

⑥商品（販売業の会社が販売目的で外部から仕入れたもの）

● 陳腐化、流行遅れなど商品価値の低下したものはないか（滞留在庫は現金化されず、貯蔵されている状態。価値が増幅するのであればいいが低下するのであれば保有を極力抑える）

● 何か月分の売上に相当する在庫をかかえているか（在庫回転率）（月々の売上（売上原価）に比べて商品・製品在庫が多い場合、滞留在庫となっているか、利益操作の可能性はないかを見る）

⑦製品（製造業を営む会社が販売目的で自ら製造した物品）

● 製造期間は何日ほどか、着目点は商品に同じ

⑧仕掛品（製品の製造途中のもの）

●稼動中の仕掛品は何日分の売上（売上原価）に相当か
●製品化できない不良仕掛はないか（試験研究など費用
　化すべきところや利益捻出のため仕掛計上している場
　合がある）

⑨原材料（製品の製造を目的として外部から買い入れた
　物品で、まだ消費されていないもの）
●何日分の製造に使う残高か、製造に使わない原材料は
　ないか

⑩前渡金（商品の仕入などに際して前払いした金額）
●契約どおりの支払か、計上の根拠は

⑪未収入金（本業の営業取引以外の取引から生ずる債権）
●多額の残高となった場合その内容は何か、回収貸倒れ
　の危険はないか

第4章 ● 財務分析

貸借対照表（バランスシート）

資産

現金	売掛金
預金	有価証券
受取手形	

商品	原材料
製品	前渡金
仕掛品	未収入金

短期貸付金	前払費用
仮払金	未収収益
立替金	貸倒引当金

建物	器具備品
構築物	土地
機械装置	建設仮勘定
車両運搬具	投資有価証券
特許権	差入保証金
電話加入権	長期貸付金

負債

支払手形	短期借入金
買掛金	未払金
前受金	

未払法人税	預り金
仮受金	未払費用
前受収益	賞与引当金

| 社債 | 退職給与引当金 |
| 長期借入金 | |

純資産

| 資本金 | 利益準備金 |
| 資本準備金 | |

13

貸借対照表分析⑫
流動資産科目の着眼点（3）

⑫短期貸付金（得意先・従業員などに対する貸付金のうち、1年以内に返済されるもの）

● 回収に問題はないか（契約書の存在、貸付条件が特殊なものでないか）

⑬仮払金（現金支出は合ったが、何に［相手科目］、またはいくら［金額］かが確定していないもの）

● 本来決算時までに整理すべき内容である、残高がある場合、その内容は何か

● 会社の資産としての価値があるか

⑭立替金（取引先、従業員などに対する金銭の一時的な立替）

● 回収に問題はないか、多額となる場合その内容相手先

⑮「前払費用（当期に支払った費用のうち、次期以降の

前払分）
● 資産性はあるか

⑯未収収益（当期に発生した収益のうち、期日未到来でまだ受け取っていないもの）
● 期間に対応した適正な計算がされているか

⑰貸倒引当金（決算日における金銭債権の貸倒れの見積額を費用計上したもの）
● 適正な見積額が計上されているか（利益捻出のため計上されていない場合がある、貸倒引当金の計上方法にはいくつかある、直接控除間接控除）

貸借対照表（バランスシート）

資産		負債	
現金	売掛金	支払手形	短期借入金
預金	有価証券	買掛金	未払金
受取手形		前受金	
商品	原材料		
製品	前渡金	未払法人税	預り金
仕掛品	未収入金	仮受金	未払費用
短期貸付金	前払費用	前受収益	賞与引当金
仮払金	未収収益		
立替金	貸倒引当金	社債	退職給与引当金
		長期借入金	
建物	器具備品		
構築物	土地	**純資産**	
機械装置	建設仮勘定	資本金	利益準備金
車両運搬具	投資有価証券	資本準備金	
特許権	差入保証金		
電話加入権	長期貸付金		

14

貸借対照表分析⑬
固定資産科目の着眼点（1）

有形固定資産の各科目の着眼点は以下のとおりです。

①建物（事務所、店舗、倉庫など）

②構築物（塀・煙突など、土地の上に固定した建物以外の土木設備又は構築物）

③機械装置（機械及び装置、これらに付属する搬送設備）

④車両運搬具（乗用車、トラックなどの陸上運搬車両）

⑤工具器具備品（工具ならびに応接セット、机、コピー機、ファックスなどの器具及び備品）

⑥土地（事務所・店舗などの敷地、資材置場、駐車場など）

⑦建設仮勘定（有形固定資産の建物または制作のために支出した金額）

●資産価値があるか、含み損はないか
●耐用年数にわたり毎年減価償却費として費用化される

115

- 実際に使われているか、遊休の資産はないか
- 計上されているが実際にはもう存在しない資産はないか
- 現に稼動できたり、現在使用するに耐えうる資産か
- 減価償却は取得価格に比べてどの程度進んでいるか（すでに費用化している割合はどの程度か）
- 新規の設備投資額と減価償却費計上額との割合は（毎年の減価償却費の範囲の投資か）
- 耐用年数は適正か、現在価値はどの程度と考えられるか
- 処分価額、再取得価額
- 自己資本もしくは長期資金によって賄われているか
- 建設中（本稼動前）の状態。期をまたがった設備投資を行っているか

第4章 ● 財務分析

貸借対照表（バランスシート）

資産	
現金	売掛金
預金	有価証券
受取手形	
商品	原材料
製品	前渡金
仕掛品	未収入金
短期貸付金	前払費用
仮払金	未収収益
立替金	貸倒引当金
建物	器具備品
構築物	土地
機械装置	建設仮勘定
車両運搬具	投資有価証券
特許権	差入保証金
電話加入権	長期貸付金

負債	
支払手形	短期借入金
買掛金	未払金
前受金	
未払法人税	預り金
仮受金	未払費用
前受収益	賞与引当金
社債	退職給与引当金
長期借入金	

純資産	
資本金	利益準備金
資本準備金	

15

貸借対照表分析⑭
固定資産科目の着眼点 (2)

【無形固定資産】

①特許権（特許法に基づいて登録することによって、発明を独占的、排除的に行使できる権利）

②電話加入権（電話加入契約に基づいて、加入電話の通信サービスを受ける権利）

● 権利として価値があるか、使われていない権利でないか

● 存在を確認できるか

【投資等】

①投資有価証券（有価証券のうち、長期所有目的のものまたは市場性のないもの）

● 資産運用の一環で保有している有価証券とは区別する

● 保有する理由（企業支配、関係強化、投資等）は何か

● 資産価値はあるか、含み損はないか、時価はいくらか

118

第4章●財務分析

②差入保証金（継続的な営業取引を行うためや債務不履
　行の担保とするために差し入れるもので、営業取引の
　保証金、建物を賃借する際の保証金や敷金など）
●資産価値（戻ってくる権利）はあるか
●資金が滞留しているわけで、多額となると資金負担が
　重くなる

③長期貸付金（得意先、従業員などに対する貸付金のう
　ち、１年を越えて返済されるもの）
●貸付条件は特殊なものではないか、返済は計画どおり
　か、回収に問題はないか
●滞留していたり、返済不能な貸付金はないか、貸倒引
　当金は計上されているか

119

貸借対照表（バランスシート）

資産		負債	
現金	売掛金	支払手形	短期借入金
預金	有価証券	買掛金	未払金
受取手形		前受金	
商品	原材料		
製品	前渡金	未払法人税	預り金
仕掛品	未収入金	仮受金	未払費用
		前受収益	賞与引当金
短期貸付金	前払費用		
仮払金	未収収益	社債	退職給与引当金
立替金	貸倒引当金	長期借入金	
建物	器具備品		
構築物	土地	**純資産**	
機械装置	建設仮勘定		
車両運搬具	投資有価証券	資本金	利益準備金
特許権	差入保証金	資本準備金	
電話加入権	長期貸付金		

16

貸借対照表分析⑮
流動負債科目の着眼点（1）

　流動負債の各科目の着眼点は以下のとおりです。

①支払手形（通常の営業取引に振り出した約束手形や引き受けた為替手形などの手形債務）

●受取手形の回収期間と支払手形の決済期間に無理はないか

●受取手形の相手に振り出された手形はないか（融通手形の可能性）

●受取手形と両膨らみになっていないか

②買掛金（原材料や商品の掛仕入による仕入代金の未払いなど、営業上の債務）

●支払条件は？　支払条件からして残高は妥当か

●売上原価（売上）の何か月分の残高か、売掛金残高と比較して妥当か

121

③前受金（商品や製品の売上などに際して前受けした
　金額）
● 売上とひも付いて把握されているか

④短期借入金（銀行、取引先などからの借入金のうち、1
　年以内に返済するもの）
● 決済資金（当座資金）との関係で残高が多すぎないか、
　預金残高も同時に多すぎないか
● 長期借入金の1年以内返済予定額も把握されているか
● 銀行以外からの借入先は

⑤未払金（固定資産の購入など本来の営業取引以外の取
　引から生ずる債務）
● 営業上の未払金と区別されているか、支払サイトは

第4章 ● 財務分析

貸借対照表（バランスシート）

資産

現金	売掛金
預金	有価証券
受取手形	

商品	原材料
製品	前渡金
仕掛品	未収入金

短期貸付金	前払費用
仮払金	未収収益
立替金	貸倒引当金

建物	器具備品
構築物	土地
機械装置	建設仮勘定
車両運搬具	投資有価証券
特許権	差入保証金
電話加入権	長期貸付金

負債

支払手形	短期借入金
買掛金	未払金
前受金	

未払法人税	預り金
仮受金	未払費用
前受収益	賞与引当金

社債	退職給与引当金
長期借入金	

純資産

資本金	利益準備金
資本準備金	

123

17

貸借対照表分析⑯
流動負債科目の着眼点（2）

⑥未払法人税等（法人税及び住民税の未納額）

● 支払うべきものが網羅されているか

● 法人税等計上額と支払期間との関係から妥当な金額か

⑦仮受金（現金受入はあったが、相手勘定科目又は金額
が確定していないもの）

● 決算時には整理すべき勘定科目。多額の残高となって
いないか

⑧預り金（源泉所得税や営業保証金など従業員や取引先
から一時的に預かっている金額）

● 預り金の内容は、いずれは支払うか返す金額

⑨未払費用（当期に発生した費用のうち、期日未到来で
まだ支払っていないもの）

● 支払うべきものが網羅的に計上されているか、額が

第4章 ●財務分析

妥当か

⑩前受収益（当期に受け取った収益のうち、未経過で次
期以降の前受分）
●決算書ではあまり見かけない、発生主義で厳密に考え
た場合計算するが金額が小さいため他の科目と合算し
て表示されている場合が多い

【引当金】
⑪賞与引当金（翌期に支払われる賞与の金額のうち、当
期の負担分の見積額を費用計上したもの）
●期間に対応しきちんと計算され計上されているか、積
み立てていない会社もある

125

貸借対照表（バランスシート）

資産

現金	売掛金
預金	有価証券
受取手形	

商品	原材料
製品	前渡金
仕掛品	未収入金

短期貸付金	前払費用
仮払金	未収収益
立替金	貸倒引当金

建物	器具備品
構築物	土地
機械装置	建設仮勘定
車両運搬具	投資有価証券
特許権	差入保証金
電話加入権	長期貸付金

負債

支払手形	短期借入金
買掛金	未払金
前受金	

未払法人税	預り金
仮受金	未払費用
前受収益	賞与引当金

社債	退職給与引当金
長期借入金	

純資産

資本金	利益準備金
資本準備金	

18

貸借対照表分析⑰
固定負債・純資産科目の着眼点

　固定負債・純資産科目の着眼点は以下のとおりです。

①社債（広く大量に資金調達を行うために発生した債務）
● 中小企業で発行している会社はほとんどない
● 資金調達を直接債券発行市場に求め、金融機関（銀行等）からの調達から一歩独立した動きができるようになった会社と見ることができる

②退職給与引当金（将来の退職金の支払に備えたもの）
● 社内規定に基づき、社内で退職金の手当てをするために積み立てられたもの
● 税法の優遇がなくなり計上していない会社もある

③長期借入金（1年を超えて返済するもの）
● 事業計画との関連で返済に無理はないか、長期資金の使途はなにか

次に、純資産の各科目の着眼点は以下のとおりです。

①資本金（出資者の出資金などのうち、法律で定めたもの）
●株式発行価格の１／２以上を資本金に組み入れているか

②資本準備金（株式の払込剰余金、剰余金の配当の 1/10、株式交換差益・合併差益等から積立てられる）
●出資金などのうち資本金に組入れなかった額かどうか
●法定準備金が資本の ４分の１を超えるときは、資本準備金を資本剰余金に振り替えているか

③利益準備金（剰余金の配当の 10 分の１、株式交換差益・合併差益等から積み立てられる）
●法律で定めた強制的な積立金額かどうか
●過去に獲得した利益のうち、社内に留保した金額か

第4章 ●財務分析

貸借対照表（バランスシート）

資産			負債	
現金	売掛金		支払手形	短期借入金
預金	有価証券		買掛金	未払金
受取手形			前受金	
商品	原材料		未払法人税	預り金
製品	前渡金		仮受金	未払費用
仕掛品	未収入金		前受収益	賞与引当金
短期貸付金	前払費用		社債	退職給与引当金
仮払金	未収収益		長期借入金	
立替金	貸倒引当金			
建物	器具備品			
構築物	土地		純資産	
機械装置	建設仮勘定			
車両運搬具	投資有価証券		資本金	利益準備金
特許権	差入保証金		資本準備金	
電話加入権	長期貸付金			

129

19

損益計算書分析①
読みこなすポイントは比較

1　5つの利益を理解する

　損益計算書は、①売上総利益、②営業利益、③経常利益、④税引前当期純利益、⑤当期純利益という5つの利益を計算しようとするものです。

　5つの利益それぞれの意味は第2章の損益計算書のところで説明したとおりですが、どんな観点から見るか、判断するかによって重視する利益が異なります。大ざっぱな粗利益を見たいときは売上総利益、本業での儲けが見たいときは営業利益、会社の経常的な利益獲得能力を見たいときは経常利益、資本家が経営者の経営能力を判断するときは、当期純利益を見ます。

2　「比較」が効果的

　損益計算書は、期間損益の計算経過を示したものですから、損益計算書を読みこなす最も有効な方法は比較で

第4章　財務分析

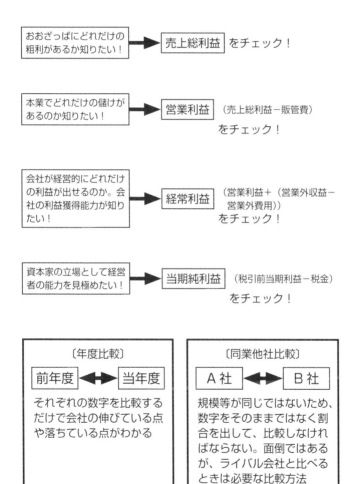

す。事業を行っている以上は、去年より今年、今年より来年というように毎年業績がよくなることが望ましいのです。したがって、決算ごとに区切って比較することは、非常に効果的と言えます。このような比較方法を年次比較や時系列比較といいます。

　また、同業他社の決算書を入手して比較することも、自社の競争力を知る上で有効です。同業他社との比較によって、自社の強みや弱みを知ることができ、経営改善に有効なデータを入手することができます。

　ただし、この比較を行う上で気をつけなければならないのは、会社規模の差がある場合です。この場合、売上を100とした場合の各利益の構成比（利益率）で比較することが重要です。

20

損益計算書分析②
利益を見ていくコツ

　損益計算書を読むとき、最も簡単で基本的な読み方は、年次比較です。これは、過去何年分かの損益計算書を比べて見る方法です。

1　売上をチェックする

　まず最初に見るのが売上です。去年と今年で売上が増えたのか、減ったのかを把握することからスタートします。売上が増えていれば安心ですが、もし減っていればその原因を分析しなければなりません。この売上高の増減原因を正しく把握しているかで、それ以降の読み方が変わってきます。

2　当期純利益をチェックする

　次に見るのが、当期純利益です。この当期純利益が増えたのか、減ったのかを２番目に把握することがコツです。損益計算書は、利益獲得明細書として作られるわけ

ですから、当期純利益を確認しないわけにはいきません。

　次ページの表のように、売上が増えているのに当期純利益が減っているのを見たら、疑問を持たなければなりません。

　分析の方法は、前期と当期の各段階の利益を比較します。比較分析の対象は、売上総利益、営業利益、経常利益、税引前当期純利益の４つです。

　売上総利益は、売上の増加に伴って増加していますが、売上の増加と比べるとそれほどではありません。営業利益は大幅な減益です。経常利益は、さらに減益となっています。税引前当期純利益は、経常利益の減益と比べれば、やや回復しています。このように、当期純利益が減っている原因を分析します。増収減益の原因は、営業利益と経常利益にあります。裏を返せば、この会社の当期純利益を増加させるには、営業利益と経常利益の向上がカギとなります。

第4章●財務分析

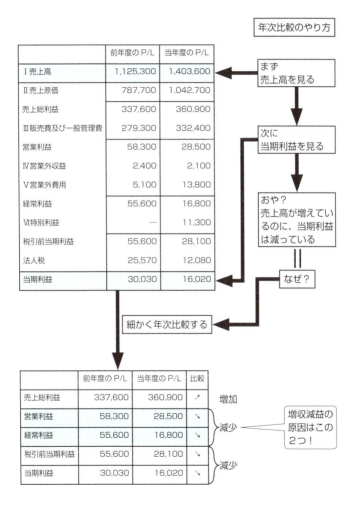

21

損益計算書分析③
数字の異常を見る

1 各段階の利益の異常を見つける

　売上総利益は、1つひとつの取引で稼いだ粗利益の合計です。年次比較で売上総利益の異常がわかった場合、個々の取引に沿って販売価格と仕入原価のバランスがどのように変化したかを分析してみる必要があります。まずは、販売価格と仕入原価の単価レベルの問題として絞り込んで分析します。

　販売価格の変化はほとんどの場合、同業他社の新規参入による供給過剰や競争激化、技術革新による新製品の登場、価格変動などが原因です。

　売上原価は、仕入物流コストや在庫不良・在庫数不足などのコストも原因となりますので、総合的な分析が必要です。

　営業利益に異常がある場合は、販売費及び一般管理費の分析が必要です。売上総利益の異常は、売上総利益を

見た段階でわかりますから、営業利益の異常は、販売費
及び一般管理費に原因があると予想できます。

2 販管費の分析

　販売費及び一般管理費の分析をするときには、各勘定
科目をいくつかのグループ（人件費、営業経費、事業経
費など）に分けたほうが経費の構造上捉えやすくなり
ます。

　次ページの表のように、人件費の増大が営業利益を圧
迫していることがよくわかります。営業部員を増員して
売上を増やしたものの、増員した営業部員の給料を賄え
るほどの稼ぎまでは至らなかったということが読めます。

　販売費及び一般管理費を分析するときにもう１つ重要
なことは、売上原価と違って売上が減れば売上と比例し
て減るということが成り立たないことです。したがって、
会社維持に掛かる最低のコストがどれくらいか把握する
ことも必要です。

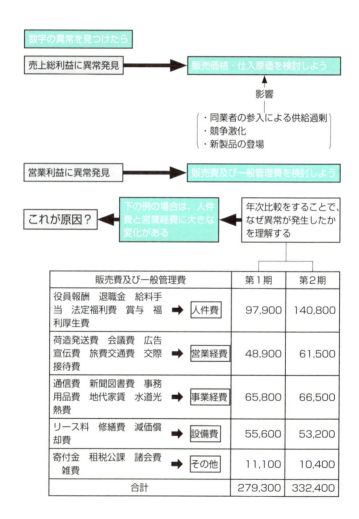

22

損益計算書分析④
構造を確認して読む

1 経常利益に異常があったら

経常利益は、「営業利益＋営業外収益－営業外費用」で計算されます。経常利益に異常がある場合は、営業外損益の中身の検討をします。営業利益に異常があればその時点で分析しているので、営業外損益の検討だけをすればよいのです。

営業外損益の主なものは、利息などの金融損益です。特に営業外費用である支払利息（金融コスト）は会社の財務体質と密接に関連し、資金バランスの良し悪しが重大な影響を与えます。

したがって、営業外損益を分析する場合は、損益計算書だけでなく貸借対照表でも資金バランスを見ることが大切です。

ここまで損益計算書を上から見てきましたが、経常利益までは、翌年も翌々年も似たような損益構造が続く可

能性があることを覚えておく必要があります。したがっ
て、経常利益の段階で不本意な成績となっている会社は、
根本的に経営構造の改革を迫られていると言っていいで
しょう。

2　税引前当期利益に異常があったら

　次に、税引前当期純利益は、「経常利益＋特別利益－特
別損失」で計算されます。

　税引前当期純利益に異常がある場合は、特別損益の中
身の検討をします。経常利益に異常があればその時点で
分析しているので、特別損益の検討だけをすればよいの
です。

　特別損益は、営業活動と直接関係しない毎期発生する
見込みのない損益です。特別損益を読む場合に最も注意
しなければならないのは、特別損益は今期限りのものと
いうことです。したがって、来期以降の損益予測を行う
場合は、特別損益をはずして考えなければなりません。

第4章 ●財務分析

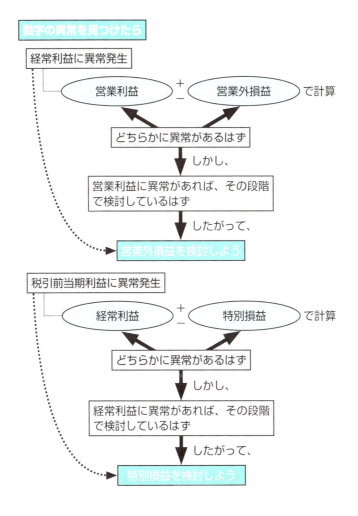

23

損益計算書分析⑤
売上総利益率

1 ビジネスの効率性を示す指標

　売上総利益率は、売上総利益の売上全体に対する構成比を表す指標で、粗利率とも呼ばれます。企業が提供する商品またはサービスの競争力、販売力、製造効率を測るために利用されます。算式では「**売上総利益率（%）＝ 売上総利益÷売上高× 100**」、すなわち「**売上総利益率（%）＝（売上高－売上原価）÷売上高× 100**」となります。

　売上総利益は会社のすべての活動に必要なお金の源です。社員の給与、事務所の家賃、設備投資などすべて売上総利益から回収できなければなりません。この売上総利益をどれほどの売上高で稼ぎ出したかという、商売の効率を表すのが売上総利益率ですから、その変化について気をつけましょう。

2　売上総利益率が低下したら

　もし売上総利益率が低下したら、売上単価の低下、価格が落ちていないか、得意先構成が変わっていないか、安価な商品の販売比率が高くなっていないか、売上総利益率の高い商品の売上が減っていないか、仕入単価が上昇していないか、仕入数量が上昇していないかを分析してみる必要があります。

　また、企業が外部から調達した財に調達したときより高い値段をつけ、市場で販売できるのは、市場がその財または企業のブランド等に対しそれだけの価値を見いだしているからです。したがって、企業が財に付加する付加価値の大きさというものは、その財または企業の市場における競争力の大きさを表していると言えます。

　そして、この調達した財に対し、企業がどれだけの付加価値をつけて外部に販売しているか、つまり元々の仕入原価に対しどれくらいの割合で利益を加算しているのかを表すものが売上総利益率です。

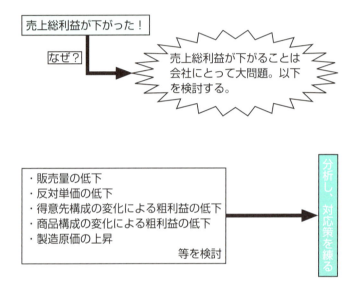

24

損益計算書分析⑥
売上高営業利益率

1　本業の収益力を示す指標

　営業利益とは売上総利益から販売費及び一般管理費を引いたもので、売上高営業利益率とは生産、販売、管理にまたがる本業の収益力を判断する指標です。

　算式に表すと、「売上高営業利益率（%）＝営業利益÷売上高×100」、すなわち、「売上高営業利益率（%）＝（売上総利益－販売費及び一般管理費）÷売上高×100」となります。

　売上総利益率と売上高営業利益率を比較することで営業費用に占める販売費及び一般管理費の割合がどの程度なのかを見ることができ、販売政策の良否や管理政策の効率性を判断する材料として使えます。

　さらに販売費及び一般管理費の内訳である人件費や賃借料など細かな項目で特に比重の大きいものなどと売上高との比率を見るのも有効です。

2　売上高営業利益率が低下したら

　もし売上総利益率が減少していないにも関わらず、売上高営業利益率が減っているならば、販売費及び一般管理費に原因があります。

　もし売上高営業利益率が低下したら、販売促進費や広告宣伝費はその効果が確かめられているか、無駄な支出が多くなっていないか、人員を増やしすぎていないか、家賃負担は重すぎないか、必要以上によい場所に事務所を設けていないか等を分析してみる必要があります。

　売上高営業利益率は業種ごとに差があり、また同業種でも販売、管理政策の違いにより差が出ます。したがって、分析するときはまずは同じ業種内で比較して、次に自社の過去の実績と比較してみるといいでしょう。

第4章 ●財務分析

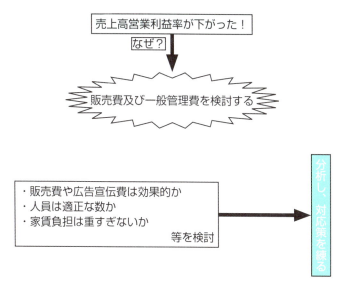

25

損益計算書分析⑦
売上高経常利益率

1　企業本来の収益力を示す指標

　経常利益は日常的に発生する営業活動と財務活動から
生じる収益を表す指標で、その企業本来の実力を計る目
安としてよく利用されます。売上高経常利益率も経常利
益と同様、その企業本来の収益力を判断する指標として
利用されます。算式で表すと、「**売上高経常利益率（％）
＝経常利益÷売上高 × 100**」、すなわち、「**売上高経常
利益率（％）＝（営業利益＋営業外収益－営業外費用）÷
売上高× 100**」となります。

　売上高経常利益率も他の指標と同様、同業他社や自社
の過去の実績などと比較して使われます。また売上高経
常利益率と売上高営業利益率との比較も重要です。ここ
では高水準の営業利益に効率的な資産運用による営業外
収益がプラスされているという形が望ましいと言えます。
これとは反対に営業利益は低水準で、財テクなどによる

第4章●財務分析

営業外収益が経常利益の大半を占めているようなケースでは、問題が内紛されている可能性が高いので注意が必要です。

2　売上高経常利益率が低下したら

売上高経常利益率を改善するには、段階を経て考えていく必要があります。

まず第一は売上総利益率を改善することです。改善方法は売上原価を引き下げることで粗利益率を改善するというものです。

第二に売上高営業利益率を改善します。改善方法は管理部門をシェイプアップし、販売にかかる営業部門の費用や諸経費を抑えることなどです。

そして、最後に売上高経常利益率を改善します。借入金の利息などの営業外費用を抑え、効率的な資金運用で営業外収益を増やすなどして改善します。

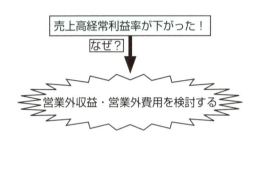

26

損益計算書分析⑧
労働生産性

1 従業員一人当たりの生産性を示す指標

労働生産性とは、従業員1人当たりの付加価値を表す指標で、付加価値分析の指標の1つです。これが高いということは「ヒト」投入に対する価値創造が多い、つまり、儲けているということになります。算式で表すと、「**労働生産性＝付加価値÷従業員数**」となります。

2 労働生産性を上げるには

労働生産性を上げるには、算式を「**労働生産性＝付加価値／売上高×売上高／従業員数**」と分解します。ここで、「売上高／従業員」は1人当たり売上高を意味します。この「1人当たりの売上高」を上げるように努力すれば、労働生産性は高まります。また、「付加価値／売上高」は売上高付加価値率です。売上高当たりの付加価値を上げれば、労働生産性は高まります。

151

もう１つの分析方法として、次のようなものがあります。

労働生産性＝付加価値÷従業員数＝固定資産／従業員数×売上高／固定資産×付加価値／売上高

「固定資産／従業員」は労働装備率といい、１人当たりにどれくらいの固定資産が使われているかを示しています。労働装備率の上昇は労働生産性を向上させるということです。また、「売上高／固定資産」は固定資産回転率です。これは購入した固定資産が有効に活用され、お金の回収にどの程度使われているかを示します。大事なのは、固定資産を持つだけでなく、売上に結びつかなければいけないということです。

　以上のことから、労働生産性向上のポイントは、設備などの固定資産を導入し、かつそれを上手に活用することです。

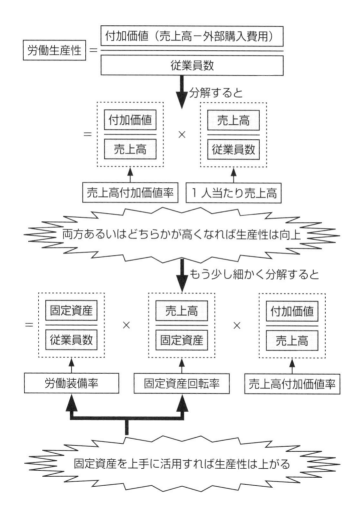

27

損益計算書分析⑨
労働分配率

1 付加価値に対する人件費の割合を示す指標

　労働分配率とは、付加価値に対する人件費の割合を示す指標であり、会社が新たに生み出した価値のうち、どれだけ人件費に分配されたかを示す指標です。付加価値とは、売上高から仕入原価、原材料費、外注費等を差し引いたものです。

　算式で表すと、「労働分配率＝人件費／付加価値」となります。

2 労働分配率の捉え方

　労働分配率による経営状態の評価は次のようになります。「30％以下→優」「30 ～ 35％未満→良」「35 ～ 40％未満→普通」「40 ～ 45％未満→やや不良」「45 ～ 50％未満→不良」「50％以上→劣」です。

　この比率は高ければ高いほどヒトによる仕事が多いこ

とを示します。情報技術や生産技術が進んでいる今日、ヒトの力で仕事をする部分が他社に比べて大きい場合、たいてい生産性があまりよくないことになります。

労働分配率＝人件費／付加価値＝人件費／売上高÷付加価値／売上高

　上記の分解式の意味は、売上高に占める人件費の割合を減らすか、売上高に占める付加価値の割合を増やせば、労働分配率が小さくなることを示しています。

労働分配率＝人件費／付加価値＝人件費／従業員数÷付加価値／従業員数

「人件費／従業員数」は1人当たりの人件費で給与水準を表します。「付加価値／従業員数」は労働生産性です。給与水準を抑えて、かつ労働生産性を上げれば、労働分配率が下がり、生産性が向上することがわかります。

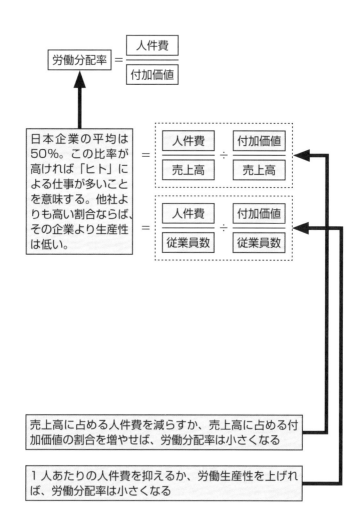

28

損益計算書分析⑩
1人当たり経常利益額

1 儲かっている会社を示す指標

　1人当たり粗利益額や1人当たり経常利益額の高い会社は、儲かっているという感じがします。たとえば、1人当たりの粗利益が2億円あった場合、労働分配率50%とすると、全社員が年収1億円を取れる可能性がある会社ということになります。儲かる会社の指標としては、1人当たり利益を常に計算することが大事です。

　1人当たり経常利益額とは、経常利益を従業員数で割った数字で、その企業の収益性を計る指標です。算式で表すと、「**1人当たり経常利益額＝経常利益／従業員数**」となります。この従業員数は、パートやアルバイトも常勤換算して出します。また、中小企業では常勤役員なども人数に含めます。さらに派遣社員もフルタイムで働いていれば1人と数えます。

　大事なのは、計算ルールを決めて継続してやっていく

157

ことです。1人当たり利益が上がっているのか、下がっているのか、時系列で把握できるようにしておきましょう。

2　理想の1人当たり形状利益額とは

　1人当たり経常利益額の目指す数値は1人50万円〜200万円以上を目標とします。

　たとえば、最低水準の年50万円としたら、月に直すと約4万円です。昇給を月1万円にして、それに伴って社会保険や厚生費が増える、社員旅行に行こう、などと考えていたら1人年間50万円はあっという間になくなってしまいます。社員10人の会社とすると、10人×50万円＝500万円の経常利益など、あっという間に吹っ飛んでしまう水準です。

　全体でいくらの利益ではなく、1人当たりにするといくらの利益なのかを考えて、経営をしていくことが大事です。

第4章 財務分析

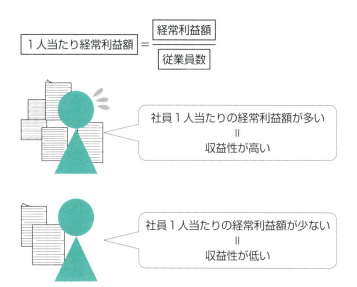

29

損益計算書分析⑪
損益分岐点比率

1 売上高と費用が等しくなる売上高

損益分岐点は、売上高と費用の額がちょうど等しくなる売上高を指します。損益分岐点売上高とも言います。算式で表すと、「**損益分岐点＝固定費÷（1－（変動費÷売上高））**」となります。

損益分岐点売上高の実際の売上高に対する割合を損益分岐点比率と言います。この指標を用いて企業の収益性を評価することができます。算式で表すと、「**損益分岐点比率＝損益分岐点売上高÷純売上高**」となります。

2 理想の損益分岐点比率とは

損益分岐点比率は低ければ低いほど収益性が高く、かつ売上減少に耐える力が強いことを意味し、経営が安定していると判断されます。比率の目安は以下のようになります。

第4章 ● 財務分析

「70％以下……良好」「70 ～ 80％……普通」「80 ～ 90％
……注意」「90％以上……危険」「100％以上……実際の売
上が損益分岐点売上を下回っているので赤字転落」

3 損益分岐点を下げるには

損益分岐点を下げて不況耐久力を増すためには、いく
つかの方策があります。一つは限界利益率を上げること、
言いえれば変動費（率）を下げることで、具体的には材
料費、物流費の削減等がこれにあたります。

もう一つは、固定費を削減することで、具体的には正
社員を減らし、パートタイム・アルバイト、派遣社員な
どのより弾力的な雇用への切り替えを行うことで、外注
等がこれに相当します。また、遊休化し稼働率の極端に
低い設備の除却等もこれに当たります。一時的に除却損
等が発生しますが、中長期的には損益分岐点を下げる効
果があります。

このように固定費の削減には、事業構造の見直しが不
可欠です。

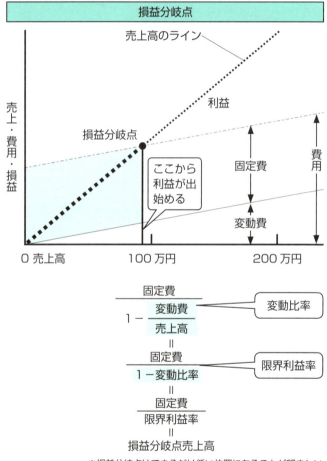

損益計算書分析⑫
営業収益・営業費用科目の着眼点（1）

　営業収益・営業費用の各科目の着眼点は以下のとおりです。

①売上高（会社の主たる営業活動によって獲得した利益）
- 対前年との比較、前月ないし前年同月との比較などから、その推移に異常はないか
- 売掛債権残高が何カ月分の売上に相当するか

②売上原価（①の獲得のために直接かかった原価）
- 売上原価率が十分な水準にあるか
- 売上原価率の推移に異常はないか
- 売上原価の構成が売上とリンクしているか

③仕入高（商品仕入など、①の獲得のために発生した費用）
- 期首および期末棚卸高との関連で異常はないか、売上

原価との対比はどうか

④役員報酬・給与
●人数から見て妥当な金額か、対前月、前年同月と比較
　して異常はないか

⑤荷造発送費（商品や製品の荷造・発送に要した費用）
●対前月や前年同月と比較して異常はないか、売上と比
　べて異常はないか

⑥支払報酬（公認会計士、税理士、弁護士などに対して
　支払われる手数料）
●大きな増減はないか、またその理由は

⑦販売手数料（商品の販売などに際して、代理店などに
　支払う仲介手数料）
●売上に比例する直接経費
●売上の増減と比べて異常はないか

第4章　財務分析

[売上高]	
[売上原価]	
	売上総利益
[販売費及び一般管理費]	
仕入高	給料手当
役員報酬	荷造発送費
支払手数料	販売手数料

旅費交通費	広告宣伝費
消耗品費	修繕費
支払保険料	租税公課
貸倒損失	
寄付金	
福利厚生費	諸会費
賃借料	会議費
減価償却費	水道光熱費
通信費	外注費
	営業利益

[営業外収益]

受取利息・配当金

有価証券売却益

為替差益

仕入割引

雑収入

[営業外費用]

支払利息・割引料

有価証券評価損

売上割引

雑損失

　　　経常利益

[特別損益]

前期損益修正損益

固定資産売却損益

固定資産除却損益

　　税引前当期純利益

　　法人税等

　　当期純利益

165

損益計算書分析⑬
営業収益・営業費用科目の着眼点 (2)

⑧旅費交通費（会社の業務遂行のための出張旅費、交通費）

●対前月前年同月と比較して異常はないか

●支出の根拠となる証憑書類がない場合もあり、その手続きをルール化し、運用を徹底することが経費節減には求められる

⑨広告宣伝費

●広告効果を測定することは難しいが、認知度を高めることが売上に必要な場合、一定の広告を続けることが求められる。企画内容と広告媒体から料金を勘案し、利用を決定する

⑩消耗品費（事務用消耗品や消耗工具器具備品など）

●対前月、前年同月と比較して異常はないか。承認手続きは適正に行われているか

第4章●財務分析

⑪修繕費（建物や機械などの有形固定資産の機能を維持、
　管理するために支出する費用）
●固定資産との区分はできているか

⑫支払保険料（生命保険や火災保険などの損害保険料）
●対前年同月等と比較して異常はないか

⑬租税公課（国税、地方税のほか、国、地方公共団体か
　らの租税以外の賦課金など）
●対前年同月等と比較して異常はないか

⑭貸倒損失（受取手形、売掛金、貸付金、前渡金などの
　債権の回収不能による損失額）
●貸倒れの事実を把握する。回収の可能性の吟味、計上
　額の妥当性は

167

[売上高]

[売上原価]

売上総利益

[販売費及び一般管理費]

仕入高	給料手当
役員報酬	荷造発送費
支払手数料	販売手数料
旅費交通費	広告宣伝費
消耗品費	修繕費
支払保険料	租税公課
貸倒損失	

寄付金

福利厚生費	諸会費
賃借料	会議費
減価償却費	水道光熱費
通信費	外注費

営業利益

[営業外収益]

受取利息・配当金

有価証券売却益

為替差益

仕入割引

雑収入

[営業外費用]

支払利息・割引料

有価証券評価損

売上割引

雑損失

経常利益

[特別損益]

前期損益修正損益

固定資産売却損益

固定資産除却損益

税引前当期純利益

法人税等

当期純利益

損益計算書分析⑭
営業収益・営業費用科目の着眼点 (3)

⑮寄付金（会社の事業の遂行に直接関係しない資産の贈
　与や経済的利益の供与）
●費用性はあるか、必要な寄付金か、金額は妥当か
●寄付先に公共性、一般性があるか

⑯福利厚生費（従業員の福利厚生のための費用）
●妥当な内容金額か、前月対前年同月と比較し異常は
　ないか

⑰諸会費（同業者団体、法人会、商工会議所、町内会
　など）
●必要性はあるか、金額は妥当か

⑱賃借料（土地、機械、コピー機など資産の賃貸の対価）
●契約どおりか、大きな増減はないか、その理由は

⑲会議費（社内外で行う商談、打ち合わせなどの費用）

●前月、対前年同月と比較し異常はないか。必要性、会議の目的からして妥当か

⑳減価償却費（固定資産の取得価額を、取得した年に一括して計上するのではなく、各年度に分け、配分した費用）

●前月、対前年同月と比較し異常はないか、減価償却は毎期継続されているか

㉑水道光熱費（水道代、電気代、ガス代）

●異常な増加はないか

●使用場所、状況から判断して問題はないか

㉒通信費（電話代、葉書代、宅配便、パソコン通信費など）

●異常な増減はないか、その理由は

㉓外注費（業務委託費ともいう）

●売上、売上原価との関連で妥当なものか

[売上高]

[売上原価]

売上総利益

[販売費及び一般管理費]

仕入高　　　給料手当

役員報酬　　荷造発送費

支払手数料　販売手数料

旅費交通費　広告宣伝費

消耗品費　　修繕費

支払保険料　租税公課

貸倒損失

寄付金

福利厚生費　諸会費

賃借料　　　会議費

減価償却費　水道光熱費

通信費　　　外注費

営業利益

[営業外収益]

受取利息・配当金

有価証券売却益

為替差益

仕入割引

雑収入

[営業外費用]

支払利息・割引料

有価証券評価損

売上割引

雑損失

経常利益

[特別損益]

前期損益修正損益

固定資産売却損益

固定資産除却損益

税引前当期純利益

法人税等

当期純利益

損益計算書分析⑮
営業外収益費用、特別損益科目の着眼点（1）

営業外収益の各科目の着眼点は以下のとおりです。

①受取利息（金融上の受取利子等）
- 期間経過に伴って発生する利息の受け取り分

②受取配当金（会社からの配当金など）
- 元本に相当する出資金、株券等を吟味し、受け取るべき配当金が計上されているか

③有価証券売却損益（一時所有の有価証券の売却損益）
- 取引計算表に基づき売却損益の額が正しいか計算する
- 売買目的で所有する有価証券の売却であること

④為替差損益（為替相場の変動により生じた差損益）
- 換算差損益の計算が妥当か

第4章●財務分析

⑤仕入割引（商品や材料などの仕入代金を期日前に払っ
　たり、手形決済に変えて現金決済した場合の利子相当
　額の割引）
●仕入割引は金融上の収益であり、仕入返品や仕入値引
　のような仕入控除項目とは区別される
●資金が潤沢な会社で実施できるが、日本ではあまり導
　入している会社はない

⑥雑収入（営業外収益のうち、科目的にも金額的にも重
　要性の乏しい多数の項目をまとめて処理する勘定）
●内容をよく確認する

　次に、営業外費用の各科目の着眼点は以下のとおり
です。

①支払利息割引料（銀行などからの借入金に対する利息、
　手形を銀行などで割引いてもらったときの割引料
　など）
●借入利率等から計算して妥当な計上か

173

[売上高]

[売上原価]

売上総利益

[販売費及び一般管理費]

仕入高	給料手当
役員報酬	荷造発送費
支払手数料	販売手数料
旅費交通費	広告宣伝費
消耗品費	修繕費
支払保険料	租税公課
貸倒損失	
寄付金	
福利厚生費	諸会費
賃借料	会議費
減価償却費	水道光熱費
通信費	外注費

営業利益

[営業外収益]

受取利息・配当金

有価証券売却益

為替差益

仕入割引

雑収入

[営業外費用]

支払利息・割引料

有価証券評価損

売上割引

雑損失

経常利益

[特別損益]

前期損益修正損益

固定資産売却損益

固定資産除却損益

税引前当期純利益

法人税等

当期純利益

損益計算書分析⑯
営業外収益・費用、特別損益科目の着眼点 (2)

②有価証券評価損（市場性のある一時所有の有価証券について低価法を採用している場合の評価損）

● 保有有価証券の期末時点での時価が保有単価を下回る場合、低価法を採用すると評価損を計上することになる

③売上割引（販売代金を期日前に受け取ったり、手形決済に変えて現金決済を受けた場合の利子相当額の割引）

● 売上割引は金融上の費用であり、売上返品や売上値引のような売上控除項目とは区別される

④雑損失（営業外費用のうち、科目的にも金額的にも重要性の乏しい多数の項目をまとめて処理する勘定）

● 販売費及び一般管理費の雑費とは区別する
● 営業外費用のうち、その他もろもろ金額的にも大きく

ない損失を処理する勘定科目、内容をよく確認する

次に、特別損益の各科目の着眼点は以下のとおりです。

①前期損益修正損益
●前期以前の収益・費用を計上する勘定科目
●ミスや洩れを計上するために使う

②固定資産売却損益（土地、建物などの売却価額が帳簿
　価額を超える場合における超過部分
●減価償却している場合には、固定資産の帳簿上の価額
　は取得した価額から減額されている。この帳簿上の価
　額と売却した価額との差額を売却損益として認識する

③固定資産除却損（機械などの固定資産の使用の中止や
　スクラップ化などにより除却した場合の損失)
●処分する場合の帳簿上の価額プラス処分に要した金額

第4章 財務分析

[売上高]	[営業外収益]
[売上原価]	受取利息・配当金
売上総利益	有価証券売却益
[販売費及び一般管理費]	為替差益
仕入高　　　給料手当	仕入割引
役員報酬　　荷造発送費	雑収入
支払手数料　販売手数料	[営業外費用]
旅費交通費　広告宣伝費	支払利息・割引料
消耗品費　　修繕費	有価証券評価損
支払保険料　租税公課	売上割引
貸倒損失	雑損失
寄付金	経常利益
福利厚生費　諸会費	[特別損益]
賃借料　　　会議費	前期損益修正損益
減価償却費　水道光熱費	固定資産売却損益
通信費　　　外注費	固定資産除却損益
営業利益	税引前当期純利益
	法人税等
	当期純利益

35

キャッシュフロー計算書分析①
資金収支を読みこなす

1 利益と資金収支は異なる

ここでは、キャッシュフローの数字と損益計算書の数字の違いを見ていきます。この違いがわかればキャッシュフローの考え方が身についたと言えます。

利益は、その期に上げた収益から発生した費用を差し引いたものですが、売上から実際の入金までには、売掛金や受取手形を経て現金化されるため、「収益＝収入」とはなりません。費用もその場で現金で支払うとは限らないため、「費用＝支出」は必ずしも成り立ちません。

したがって、利益と資金収支は違うものなのです。資金収支は、一定期間に実際に得た収入から実際に払った支出を引いたものです。

2 大切なのは利益よりも資金収支

損益計算書上で利益が出ていても、資金収支がマイナ

スの場合、会社は銀行からお金を借りたり社債を発行して資金を調達しなければなりません。逆に損益計算書上で損失が出ていても、企業活動がすぐにおかしくなるわけではなく、銀行等の支援を受けながらキャッシュが回り、支払が期日にキチンとできれば企業活動を続けることができます。

　損益計算書で示している利益は、株主への配当や納税のためのものと言えます。

　キャッシュがうまく回っていないとなると、仕入先は取引をやめるでしょうし、銀行もお金を貸してくれません。給料が払えなくなると社員も辞めてしまいますし、手形取引をしている場合、手形が落ちないとなると、銀行取引停止になり、倒産にまで至ります。

　企業活動にとっては、損益計算書の利益よりキャッシュフロー計算書の資金収支のほうが重要だと言えます。

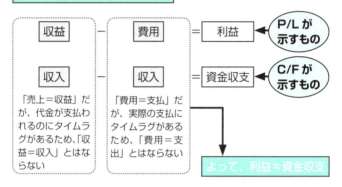

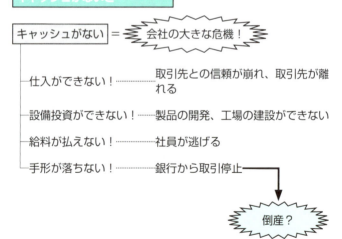

36

キャッシュフロー計算書分析②
具体例で考える

　キャッシュフロー計算書と損益計算書の違いの理解を深めるために具体例を使って考えてみましょう。

　A社は7月15日に800万円で仕入れた商品を7月31日に1000万円で販売しました。代金の入金は60日後です。仕入代金は30日後の8月15日に銀行から借入をして支払うことにしました。借りたお金の返済は、売上代金の入る9月30日に入金と同時に返済しました。借入利息5万円を返済と同時に支払いました。以上のような取引の場合、A社の手元に残る現金は195万円となります。

　損益計算書は7月の時点では、売上1000万円、売上原価800万円が計上され、利益は200万円である、という処理がされますが、損益計算書上、利益が計上されても実際の現金が入ったわけではありません。

　8月は損益計算書上に表される取引はありません。しかし、現金800万円は銀行からA社に入って、仕入代金の支払いとして出ています。この現金の流れはキャッシ

181

ュフロー計算書に表されます。

　9月は売掛金の回収1000万円がA社に入って、即、銀行に利息5万円を含む805万円が返済されています。キャッシュフロー計算書はこのお金の流れを記載しますが、損益計算書は支払った利息の5万円だけを記載します。

　以上見てきたように、帳簿上の利益が会社にあるわけではないのです。キャッシュフロー計算書は会社に現金があるかどうかを知る非常に重要な決算書なのです。

第4章 ● 財務分析

「利益」と「資金収支」は違う

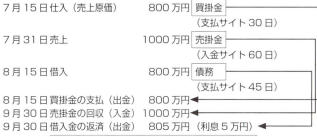

7月15日仕入（売上原価）　　800万円　買掛金
　　　　　　　　　　　　　　　　　（支払サイト30日）
7月31日売上　　　　　　　1000万円　売掛金
　　　　　　　　　　　　　　　　　（入金サイト60日）
8月15日借入　　　　　　　　800万円　債務
　　　　　　　　　　　　　　　　　（支払サイト45日）

8月15日買掛金の支払（出金）　800万円
9月30日売掛金の回収（入金）1000万円
9月30日借入金の返済（出金）　805万円（利息5万円）

手元に残るのは195万円

これを決算書にしてみると

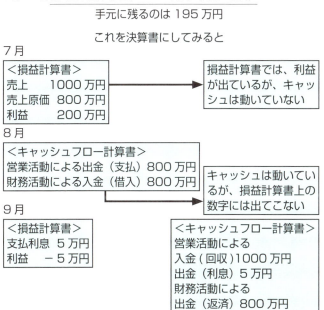

7月

＜損益計算書＞
売上　　　1000万円
売上原価　 800万円
利益　　　 200万円

→ 損益計算書では、利益が出ているが、キャッシュは動いていない

8月

＜キャッシュフロー計算書＞
営業活動による出金（支払）800万円
財務活動による入金（借入）800万円

→ キャッシュは動いているが、損益計算書上の数字には出てこない

9月

＜損益計算書＞
支払利息　5万円
利益　　 －5万円

＜キャッシュフロー計算書＞
営業活動による
入金（回収）1000万円
出金（利息）5万円
財務活動による
出金（返済）800万円

183

37

キャッシュフロー計算書分析③
キャッシュはここを読む

1　3つの活動に注目する

　キャッシュを読むときは3つの活動を見る視点が大切です。

「営業活動によるキャッシュフロー」は、会社本来の事業でのキャッシュの流れを示していて、図のIの①〜⑨のように記載されます。

　この営業活動によるキャッシュフローは会社の本業を示す部分ですから、プラスが望ましいと言えます。

　次に、「投資活動によるキャッシュフロー」は、固定資産や投資有価証券の購入や売却による資金の増減をまとめたもので、図のIIの①〜④のように記載されます。

　このキャッシュフローがプラスの場合、投資したものを現金化していることになり、マイナスの場合は、積極

第4章 ● 財務分析

「利益」と「資金収支」は違う

キャッシュフロー計算書

I　営業活動によるキャッシュフロー	
①税引前当期利益	716,600
②減価償却費	17,000
③投資有価証券売却益	− 35,000
④土地売却益	− 150,000
⑤固定資産廃棄損	30,000
⑥売上債権の増加額	− 25,000
⑥棚卸資産の減少額	30,000
⑧仕入債務の増加額	28,000
⑨その他の資産、負債の増加額	− 25,000
営業活動によるキャッシュフロー	586,600
II　投資活動によるキャッシュフロー	
① 定期預金の払戻しによる収入	30,000
② 有形固定資産売却による収入	300,000
③有形固定資産取得による支出	− 1,500,000
④投資有価証券取得による支出	− 800,000
投資活動によるキャッシュフロー	− 1,970,000
III　財務活動によるキャッシュフロー	
①短期借入金の減少額	− 300,000
②長期借入による収入	1,500,000
③長期借入金返済による支出	− 300,000
④配当金の支払額	− 150,000
財務活動によるキャッシュフロー	750,000
IV　現金及び現金等価物の増減額	− 633,400
V　現金及び現金等価物の期首残高	730,400
VI　現金及び現金等価物の期末残高	97,000

営業活動によるキャッシュフロー
＝
プラスが望ましい

投資活動によるキャッシュフロー
＝
マイナスが望ましい

財務活動によるキャッシュフロー
＝
マイナスだったら……

「借入金の返済や株主へ配当しているのかな」と考えてみる

プラスだったら……

「資金調達しているのかな？」と考えてみる

「営業活動によるキャッシュフロー」に比べて規模が大きい場合は、本業でキャッシュを得られない分を埋め合わせている可能性もあるので、注意！

的な投資によりキャッシュが出ていることになります。

　最後に、「財務活動によるキャッシュフロー」は、借入金や社債・株式の発行、配当金の支払いなどによる資金の増減をまとめたもので、図のⅢの①〜④のように記載されます。

　このキャッシュフローがプラスの場合、資金調達をしていることを示していて、マイナスの場合は借入金の返済や配当の支払をしていることを示しています。

　営業活動によるキャッシュフローより財務活動によるキャッシュフローの規模が大きい場合は、本業での資金ショートを埋め合わせている可能性があります。

キャッシュフロー計算書分析④
キャッシュフローは上から見ていく

　最初に、キャッシュフロー計算書の３つのキャッシュフローのどこを見ればよいかの復習です。

1　営業活動によるキャッシュフロー

　会社の本業から得るキャッシュなので、プラスができるだけ大きいほど良く、最も重視すべきキャッシュフローです。

2　投資活動によるキャッシュフロー

　積極的投資の場合はマイナスになり、投資したものを売ってキャッシュに変えた場合はプラスになります。

3　財務活動によるキャッシュフロー

　営業活動から得るキャッシュが潤沢であれば、財務活動による資金調達は必要がないでしょう。無借金経営で株主へ配当した場合は、マイナス、融資を受けたり、増

資をした場合はプラスになります。

　以上をまとめると、営業活動によるキャッシュフローはプラス、投資活動によるキャッシュフローはマイナス、財務活動によるキャッシュフローはマイナスが望ましいと言えます。

　実際の分析上では、営業活動によるキャッシュフローがプラスかマイナスかが第一のポイントです。営業活動によるキャッシュフローレベルで安全な会社は、財務的に優良なのか、積極的に発展しようとしているのか、事業縮小を図っているのかなどが見えてきます。危険な会社は、別の事業展開で一発逆転を狙っているのか、倒産の窮境に陥っているのかなどが見えてきます。

第4章●財務分析

キャッシュフローはこう見よう

見る流れ

営業活動によるキャッシュフロー

プラス？ → NO → 危険な会社の可能性大！

YES ↓

投資活動によるキャッシュフローを見よう

投資活動によるキャッシュフロー

マイナス？ → NO → 「投資したものを換金しているのかな？」と考えつつ、財務活動によるキャッシュフローを見よう

YES ↓

「資金需要が拡大しているのかな？」と考えつつ、財務活動によるキャッシュフローを見よう

財務活動によるキャッシュフロー

マイナス？ → NO → 増資などによる調達で、プラスになっているのだろうが、営業活動によるキャッシュフローが不十分であるための無理な調達でないかどうか、もう一度営業活動によるキャッシュフローを見よう

YES ↓

資金が潤沢で、財務活動による資金調達の必要はないということの現れかどうか、もう一度営業活動によるキャッシュフローを見よう

189

39

キャッシュフロー計算書分析⑤
キャッシュフローでわかる会社のタイプ

①プラス・マイナス・マイナス型

　現在の事業は順調で、営業活動によるキャッシュフローはプラスです。優良企業の条件の第一のポイントです。また、積極的投資を行っているが、資金が潤沢で資金調達の必要がないので、財務活動によるキャッシュフローはマイナスです。

②プラス・マイナス・プラス型

　現在の事業は順調で、営業活動によるキャッシュフローはプラスですが、積極的な投資のため、本業で稼いだ資金に加え、財務活動による資金調達も行っている企業です。

③プラス・プラス・マイナス型

　現在の事業でまだ稼げているが、財務体質改善や不要資産の売却などで現状を変革しようとしている企業です。

投資活動によるキャッシュフローがプラスで財務活動に
よるキャッシュフローがマイナスの状態です。

④マイナス・マイナス・プラス型

　現在の事業が思わしくなく営業活動によるキャッシュ
フローがマイナスの状態。打開策として資金調達し、積
極的投資による逆転を狙っている企業と見ることができ
ます。

⑤マイナス・プラス・マイナス型

　事業がうまくいかず、資産を売却して食いつなぐと同
時に借入返済に充てているという先がまったく見えない
状態です。

⑥マイナス・プラス・プラス型

　現在の事業が全く採算が取れず、資金ショートが続き、
その手当てとして資産売却と資金調達を行っているとい
う最悪の状態の企業タイプです。

① プラス・マイナス・マイナス型

営業活動によるキャッシュフロー	→ プラス
投資活動によるキャッシュフロー	→ マイナス
財務活動によるキャッシュフロー	→ マイナス

② プラス・マイナス・プラス型

営業活動によるキャッシュフロー	→ プラス
投資活動によるキャッシュフロー	→ マイナス
財務活動によるキャッシュフロー	→ プラス

③ プラス・プラス・マイナス型

営業活動によるキャッシュフロー	→ プラス
投資活動によるキャッシュフロー	→ プラス
財務活動によるキャッシュフロー	→ マイナス

④ マイナス・マイナス・プラス型

営業活動によるキャッシュフロー	→ マイナス
投資活動によるキャッシュフロー	→ マイナス
財務活動によるキャッシュフロー	→ プラス

⑤ マイナス・プラス・マイナス型

営業活動によるキャッシュフロー	→ マイナス
投資活動によるキャッシュフロー	→ プラス
財務活動によるキャッシュフロー	→ マイナス

⑥ マイナス・プラス・プラス型

営業活動によるキャッシュフロー	→ マイナス
投資活動によるキャッシュフロー	→ プラス
財務活動によるキャッシュフロー	→ プラス

40

キャッシュフロー計算書分析⑥
キャッシュフロー計算書項目の着眼点

　まず、営業活動によるキャッシュフローの各科目の着
眼点は以下のとおりです。

①税引前当期純利益
②減価償却費
③投資有価証券売却益、
④固定資産売却益→損益計算書の各項目を参照

⑤売上債権の増加額
● 売上との関係から異常な増減はないか

⑥棚卸資産の減少額
● 貸借対照表項目の各項目を参照

⑦仕入債務の増加額
● 売上原価、売上との関係から異常な増減はないか

⑧その他の資産、負債の増加額
●それぞれの項目が異常はないか

　次に、投資活動によるキャッシュフローの各科目の着
眼点は以下のとおりです。

①有形固定資産売却による収入
●売却の目的は？　売却損は出ているか

②有形固定資産取得および投資有価証券取得による支出
●資金負担に無理はないか

　最後に、財務活動によるキャッシュフローの各科目の
着眼点は以下のとおりです。

①短期借入金の増減額
②長期借入による収入
③長期借入金の返済による支出→貸借対照表の短期借入
　金、長期借入金の項目を参照
④配当金の支払額（例：一株当たりの配当額は？）

Ⅰ営業活動によるキャッシュフロー	Ⅲ財務活動によるキャッシュフロー
1．税引前当期利益	1．短期借入金の減少額
2．減価償却費	2．長期借入による収入
3．投資有価証券売却益	3．長期借入金返済による支出
4．固定資産廃棄損	4．配当金の支払額
5．売上債権の増加額	財務活動によるキャッシュフロー
6．棚卸資産の減少額	Ⅳ現金及び現金等価物の増減額
7．仕入債務の増加額	Ⅴ現金及び現金等価物の期首残高
8．その他の資産、負債の増加額	Ⅵ現金及び現金等価物の期末残高
営業活動によるキャッシュフロー	
Ⅱ投資活動によるキャッシュフロー	
1．定期預金の払戻しによる収入	
2．有形固定資産売却による収入	
3．有形固定資産取得による支出	
4．投資有価証券取得による支出	
投資活動によるキャッシュフロー	

第 5 章

実際にある企業の
決算書を読んでみる

トヨタ自動車決算書5期比較

【貸借対照表】

単位：百万円

決算年月日	2012年3月31日		2013年3月31日		2014年3月31日		2015年3月31日		2016年3月31日
現預金等	1,759,501	↑	1,824,997	↑	2,221,377	↑	2,433,878	↑	3,971,462
その他流動資産	10,561,688	↑	11,959,893	↑	13,496,329	↑	15,502,519	↓	14,238,091
有形固定資産	6,235,380	↑	6,851,239	↑	7,641,298	↑	9,295,719	↑	9,740,417
無形固定資産	0		0		0		0		0
投資等	12,094,396	↑	14,847,188	↑	18,078,469	↑	20,497,714	↓	19,477,627
総資産資産合計	30,650,965	↑	35,483,317	↑	41,437,473	↑	47,729,830	↓	47,427,597
流動負債	11,781,574	↑	12,912,520	↑	14,680,685	↑	16,431,496	↓	16,124,456
固定負債	7,802,913	↑	9,797,941	↑	11,537,801	↑	13,651,005	↓	13,214,955
資本(純資産)合計	11,066,478	↑	12,772,856	↑	15,218,987	↑	17,647,329	↑	18,088,186
負債資本合計	30,650,965	↑	35,483,317	↑	41,437,473	↑	47,729,830	↓	47,427,597

資金運用からの分析	タイプ	'15年と'16年の比較	'14年と'16年の比較
資産増加負債増加	A		○
資産増加負債減少	B		
資産減少負債減少	C	○	
資産減少負債増加	D		

●資金運用からの分析

1年間では「資産・負債ともに減少」であり、〈分析のポイント〉のCタイプ「健全な企業スタイル」である。2年間では「資産増加」と「負債増加」になっており、上図のAタイプになる。これは、<分析のポイント>にあるように、売上を拡大するときに見られる傾向であり、損益計算書の売上をみると毎年増加している事で裏づけられる。

この項目は、資金不足・資金増加の原因となるものであり、資金の移動と利益を関連して見ると分析が的確になる。

〈分析のポイント〉

Aの見方……企業が売上などを拡大するときに見られる傾向である。そのバランスが負債の方が異常に多い場合→赤字の傾向、資産が異常に増加した場合→粉飾決算、回収が遅くなる異常な原因がある。

Bの見方……明らかに異常であり、この増加と借入金増加が同時であれば赤字を回避するための粉飾決算である。→要注意の企業の傾向である。

Cの見方……通常の健全な企業スタイルである。

Dの見方……赤字経営の企業に多い。支払が遅滞している企業に多い傾向である。

第5章●実際にある企業の決算書を読んでみる

●運転資金による資金増減

	2014年3月①	2015年3月②	2016年3月③	増減　③－②	増減　③－①
				1年間で	2年間で
流動資産	15,717,706	17,936,397	18,209,553	273,156	2,491,847
流動負債	14,680,685	16,431,496	16,124,456	△ 307,040	1,443,771
差引	1,037,021	1,504,901	2,085,097	580,196	1,048,076
				資金が減少	資金が減少

上記分析結果から、以下のことが読み取れる。
「運転資金による資金増減」……流動資産と流動負債の差額が、プラス（流動資産の方が多い）ということは、流動資産は資金の回収項目で流動負債は支払項目であるので、1年間でも2年間でも「資金が減少」という状況である。

●固定性資金からの分析

	2014年3月①	2015年3月②	2016年3月③	増減　③－②	増減　③－①
				1年間で	2年間で
有形固定資産	7,641,298	9,295,719	9,740,417	444,698	2,099,119
無形・投資等	18,078,469	20,497,714	19,477,627	△ 1,020,087	1,399,158
合計	25,719,767	29,793,433	29,218,044	△ 575,389	3,498,277
				過去3期分増減	減少

有形固定資産額が毎年増えているということは購入を意味し、資金の減少だが、無形固定資産や投資等は、1年間では権利売却か投資したものを取り崩したかであり、2年間では2015年度に権利購入か投資をしたと読み取れる。結果、1年間では「資金が増加」、2年間では大きく「資金が減少」したという状況である。

199

【損益計算書】　　　　　　　　　　　　　　　　　　　　　　　　　　　　　　　　　単位：百万円

決算年月日	2012年3月31日	2013年3月31日	2014年3月31日	2015年3月31日	2016年3月31日
売上高	18,583,653	↑ 22,064,192	↑ 25,691,911	↑ 27,234,521	↑ 28,403,118
売上合計	18,583,653	↑ 22,064,192	↑ 25,691,911	↑ 27,234,521	↑ 28,403,118
売上原価	16,388,564	↑ 18,640,995	↑ 20,801,139	↑ 21,841,676	↑ 22,605,465
その他費用収益	1,911,530	↑ 2,461,034	↑ 3,067,653	↑ 3,219,507	↑ 3,484,959
費用等合計 (売上原価)＋ (その他費用収益)	18,300,094	↑ 21,102,029	↑ 23,868,792	↑ 25,061,183	↑ 26,090,424
売上総利益	2,195,089	↑ 3,423,197	↑ 4,890,772	↑ 5,392,845	↑ 5,797,653
税引前当期利益	432,873	↑ 1,403,649	↑ 2,441,080	↑ 2,892,828	↑ 2,983,381
当期純利益	283,559	↑ 962,163	↑ 1,823,119	↑ 2,173,338	↑ 2,312,694
	-1.50%	↑ -4.40%	↑ -7.10%	↑ -8.00%	-8.10%
当期純利益	283,559	↑ 962,163	↑ 1,823,119	↑ 2,173,338	↑ 2,312,694

【損益計算書分析】

	固定費	変動費
2014年3月期	2,599	20,801
2015年3月期	2,642	21,842
2016年3月期	2,944	22,605

損益分岐点による分析では、実際売上が 28,403 拾億円で損益分岐点売上 14,421 拾億円との差額 13,982 拾億円のキャッシュが他に使えるということである。トヨタでは、この使える資金をどこに使っているのだろうか？　それはキャッシュフローを見ればわかる。

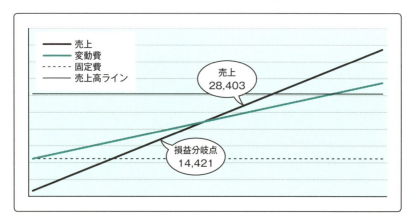

第5章 ● 実際にある企業の決算書を読んでみる

【キャッシュフロー計算書】

単位：百万円

決算年月日	2012年3月31日		2013年3月31日		2014年3月31日		2015年3月31日		2016年3月31日
営業活動による キャッシュフロー	1,452,435	↑	2,451,316	↑	3,646,035	↑	3,685,753	↑	4,460,857
投資活動による キャッシュフロー	-1,442,658	↓	-3,027,312	↓	-4,336,248	↑	-3,813,490	↑	-3,182,544
財務活動による キャッシュフロー	-355,347	↑	477,242	↑	919,480	↓	306,045	↓	-423,571
現預金等の換 算差額	-55,939	↑	137,851	↓	93,606	↓	65,079	↓	-199,871
現預金等純 増減額	-401,509	↑	39,097	↑	322,873	↓	243,387	↑	654,871

【キャッシュフロー計算書分析】

「営業活動によるキャッシュフロー」を見ると、本業での資金の儲けが年々順調に増加しており、安定経営であることがわかる。「投資活動によるキャッシュフロー」では、本業の儲け（営業活動によるキャッシュフロー）の範囲で投資できたのは、直近期の2016年度のみであり、過去3年間では資金調達による投資を行ってきている。直近期は、それだけ本業の儲けがあったということになる。「財務活動によるキャッシュフロー」では、こちらも投資活動と同じく、直近期の2016年度のみ返済の方が多かったようである。直近期のトヨタは、「キャッシュフロー」の理想である、本業で儲けたお金の範囲内で、将来に向けた投資ができ、返済や配当もできている。

ドンキホーテホールディングス決算書5期比較

【貸借対照表】　　　　　　　　　　　　　　　　　　　　　　単位：百万円

決算年月日	2012年6月30日		2013年6月30日		2014年6月30日		2015年6月30日		2016年6月30日
現預金等	34,237	⬇	31,698	⬆	42,690	⬆	49,717	⬇	42,894
その他流動資産	104,579	⬆	111,693	⬆	116,144	⬆	126,264	⬆	153,083
有形固定資産	169,336	⬆	186,094	⬆	212,723	⬆	262,127	⬆	292,052
無形固定資産	10,266	⬆	11,974	⬆	15,356	⬆	17,529	⬇	17,005
投資等	44,233	⬆	45,163	⬆	45,222	⬆	50,029	⬆	55,534
総資産資産合計	362,651	⬆	386,622	⬆	432,135	⬆	505,666	⬆	560,568
流動負債	120,243	⬆	121,170	⬇	114,444	⬆	144,576	⬆	147,995
固定負債	99,213	⬇	99,108	⬆	124,527	⬆	139,723	⬆	168,026
資本（純資産）合計	143,195	⬆	166,344	⬆	193,164	⬆	221,367	⬆	244,547
負債資本合計	362,651	⬆	386,622	⬆	432,135	⬆	505,666	⬆	560,568

資金運用からの分析	タイプ	'15年と'16年の比較	'14年と'16年の比較
資産増加負債増加	A	○	○
資産増加負債減少	B		
資産減少負債減少	C		
資産減少負債増加	D		

●資金運用からの分析

1年間でも2年間でも「資産・負債ともに増加」であり、「資産増加」と「負債増加」になっており、上図のAタイプになる。これは、〈分析のポイント〉にあるように、売上を拡大するときに見られる傾向であり、損益計算書の売上をみると毎年増加していることで裏づけられる。

この項目は、資金不足・資金増加の原因となるものであり、資金の移動と利益を関連して見ると分析が的確になる。

〈分析のポイント〉

Aの見方……企業が売上などを拡大するときに見られる傾向である。そのバランスが負債の方が　　　　　　異常に多い場合：赤字の傾向、資産が異常に増加した場合→粉飾決算、回収が遅く　　　　　　なる異常な原因がある。

Bの見方……明らかに異常であり、この増加と借入金増加が同時であれば赤字を回避するための　　　　　　粉飾決算である。→要注意の企業の傾向である。

Cの見方……通常の健全な企業スタイルである。

Dの見方……赤字経営の企業に多い。支払が遅滞している企業に多い傾向である。

第5章●実際にある企業の決算書を読んでみる

●運転資金による資金増減

	2014年6月①	2015年6月②	2016年6月③	増減 ③－②	増減 ③－①
流動資産	158,834	175,981	195,977	19,996	37,143
流動負債	114,444	144,576	147,995	3,419	33,551
差引	44,390	31,405	47,982	16,577	3,592
				資金が減少	資金が減少

1年間で　　　2年間で

上記分析結果から、以下のことが読み取れる。
流動資産と流動負債の差額が、プラス（流動資産の方が多い）ということは、流動資産は資金の回収項目で流動負債は支払項目であるので、1年間でも2年間でも「資金が減少」という状況である。

●固定性資金からの分析

	2014年6月①	2015年6月②	2016年6月③	増減 ③－②	増減 ③－①
有形固定資産	212,723	262,127	292,052	29,925	79,329
無形・投資等	60,578	67,558	72,539	4,981	11,961
合計	273,301	329,685	364,591	34,906	91,290
			過去3期分増減		減少

1年間で　　　2年間で

有形固定資産も無形・投資等も金額が毎年増えているということは購入を意味し、資金の減少。この原資は、キャッシュフロー計算書を見ればわかる。投資は本業で儲けた金額以上の規模であり、足りない金額は資金調達をして賄っている。

203

【損益計算書】 単位：百万円

決算年月日	2012年6月30日	2013年6月30日	2014年6月30日	2015年6月30日	2016年6月30日
売上高	540,255 ↑	568,377 ↑	612,424 ↑	683,981 ↑	759,592
売上合計	540,255 ↑	568,377 ↑	612,424 ↑	683,981 ↑	759,592
売上原価	400,712 ↑	418,570 ↑	451,406 ↑	502,240 ↑	557,699
その他費用収益	119,698 ↑	128,666 ↑	139,547 ↑	158,593 ↑	176,955
費用等合計(売上原価)+(その他費用収益)	520,410 ↑	547,236 ↑	590,953 ↑	660,833 ↑	734,654
売上総利益	139,543 ↑	149,807 ↑	161,018 ↑	181,741 ↑	201,893
税引前当期利益	30,395 ↑	33,382 ↑	34,225 ↑	39,157 ↑	42,113
当期純利益	19,845 ↑	21,141 ↑	21,471 ↑	23,148 ↑	24,938
	-3.70% ↑	-3.70% ↓	-3.50% ↓	-3.40% ↓	-3.30%
当期純利益	19,845 ↑	21,141 ↑	21,471 ↑	23,148 ↑	24,938

【損益計算書分析】

	固定費	変動費
2014年6月期	127	451
2015年6月期	143	502
2016年6月期	159	558

損益分岐点による分析では、実際売上が760拾億円で損益分岐点売上597拾億円との差額163拾億円のキャッシュが他に使えるということである。ドンキホーテでは、この使える資金をどこに使っているのだろうか？　それはキャッシュフローを見ればわかる。

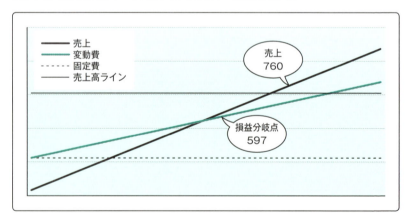

第5章●実際にある企業の決算書を読んでみる

【キャッシュフロー計算書】　　　　　　　　　　　　　　　　　　　　　　単位：百万円

決算年月日	2012年6月30日		2013年6月30日		2014年6月30日		2015年6月30日		2016年6月30日
営業活動による キャッシュフロー	33,962	⬆	38,270	⬆	39,684	⬆	42,520	⬇	29,110
投資活動による キャッシュフロー	-29,794	⬆	-23,293	⬇	-36,593	⬇	-52,641	⬆	-52,197
財務活動による キャッシュフロー	-4,637	⬇	-9,510	⬆	4,440	⬆	16,176	⬆	17,148
現預金等の換 算差額	60	⬆	691	⬇	442	⬆	1,132	⬇	-825
現 預 金 等 純 増減額	-409	⬆	6,158	⬆	7,973	⬇	7,187	⬇	-6,764

【キャッシュフロー計算書分析】

「営業活動によるキャッシュフロー」を見ると、本業での資金の儲けが2016年度が減っている。それにもかかわらず、「投資活動によるキャッシュフロー」では、本業の儲け（営業活動によるキャッシュフロー）より大きく投資を行っており、資金調達による投資を行っていることがわかる。結果、「現預金等純増減額」が大きくマイナスになっており、過去のストックがあるとはいえ、77,640百万円の減少である。要因は、本業の儲けが前期に比べかなり少なく、投資額が前期以上の結果である。

205

ファーストリテイリング決算書5期比較

【貸借対照表】　　　　　　　　　　　　　　　　　　　　　　　　　　単位：百万円

決算年月日	2012年8月31日		2013年8月31日		2014年8月31日		2015年8月31日		2016年8月31日
現預金等	132,238	↑	147,429	↑	314,049	↑	355,212	↑	385,431
その他流動資産	292,278	↑	492,680	↓	402,988	↑	519,182	↑	539,152
有形固定資産	69,222	↑	90,405	↑	114,398	↑	129,340	↓	121,853
無形固定資産	38,216	↑	78,115	↓	73,686	↓	68,159	↓	52,117
投資等	63,146	↑	77,170	↑	87,186	↑	91,813	↑	139,566
総資産資産合計	595,102	↑	885,800	↑	992,307	↑	1,163,706	↑	1,238,119
流動負債	173,378	↑	253,966	↑	273,196	↑	292,242	↑	338,046
固定負債	34,224	↑	71,267	↑	83,069	↑	96,658	↑	302,411
資本(純資産)合計	387,500	↑	560,567	↑	636,042	↑	774,806	↓	597,662
負債資本合計	595,102	↑	885,800	↑	992,307	↑	1,163,706	↑	1,238,119

資金運用からの分析	タイプ	'15年と'16年の比較	'14年と'16年の比較
資産増加負債増加	A	○	○
資産増加負債減少	B		
資産減少負債減少	C		
資産減少負債増加	D		

1年間でも2年間でも「資産・負債ともに増加」であり、「資産増加」と「負債増加」になっており、上図のAタイプになる。
これは、〈分析のポイント〉にあるように、売上を拡大するときに見られる傾向であり、
損益計算書の売上をみると毎年増加していることで裏づけられる。

この項目は、資金不足・資金増加の原因となるものであり、資金の移動と利益を関連して見ると分析が的確になる。
〈分析のポイント〉
Aの見方……企業が売上などを拡大するときに見られる傾向である。そのバランスが負債の方が
　　　　　　異常に多い場合：赤字の傾向、資産が異常に増加した場合→粉飾決算、回収が遅く
　　　　　　なる異常な原因がある。
Bの見方……明らかに異常であり、この増加と借入金増加が同時であれば赤字を回避するための
　　　　　　粉飾決算である。→要注意の企業の傾向である。
Cの見方……通常の健全な企業スタイルである。
Dの見方……赤字経営の企業に多い。支払が遅滞している企業に多い傾向である。

第5章 ● 実際にある企業の決算書を読んでみる

●運転資金による資金増減

	2014年8月①	2015年8月②	2016年8月③	増減 ③−② 1年間で	増減 ③−① 2年間で
流動資産	717,037	874,394	924,583	50,189	207,546
流動負債	273,196	292,242	338,046	45,804	64,850
差引	443,841	582,152	586,537	4,385	142,696
				資金が減少	資金が減少

上記分析結果から、以下のことが読み取れる。
流動資産と流動負債の差額が、プラス（流動資産の方が多い）ということは、流動資産は資金の回収項目で流動負債は支払項目であるので、1年間でも2年間でも「資金が減少」という状況である。

●固定性資金からの分析

	2014年8月①	2015年8月②	2016年8月③	増減 ③−② 1年間で	増減 ③−① 2年間で
有形固定資産	114,398	129,340	121,853	△ 7,487	7,455
無形・投資等	160,872	159,972	191,683	31,711	30,811
合計	275,270	289,312	313,536	24,224	38,266
				過去3期分増減	減少

有形固定資産は、2015年度に購入したことを意味し、2016年度は減価償却での減額であろう。無形・投資等は金額が毎年増えているということは購入を意味し、資金の減少。この原資は、キャッシュフロー計算書を見ればわかる。投資は、本業で儲けた金額以上の投資であり、足りない金額は、資金調達をして賄っている。

【損益計算書】　　　　　　　　　　　　　　　　　　　　　　　　　　　　単位：百万円

決算年月日	2012年8月31日	2013年8月31日	2014年8月31日	2015年8月31日	2016年8月31日
売上高	928,669 ↑	1,143,003 ↑	1,382,935 ↑	1,681,781 ↑	1,786,473
売上合計	928,669 ↑	1,143,003 ↑	1,382,935 ↑	1,681,781 ↑	1,786,473
売上原価	453,202 ↑	578,992 ↑	683,163 ↑	833,245 ↑	921,476
その他費用収益	403,813 ↑	473,634 ↑	625,226 ↑	738,509 ↑	816,945
費用等合計 (売上原価)＋ (その他費用収益)	857,015 ↑	1,052,626 ↑	1,308,389 ↑	1,571,754 ↑	1,738,421
売上総利益	475,467 ↑	564,011 ↑	699,772 ↑	848,536 ↑	864,997
税引前当期利益	123,390 ↑	141,525 ↑	135,470 ↑	180,676 ↓	90,237
当期純利益	71,654 ↑ -7.70% ↑	90,377 ↓ -7.90% ↑	74,546 ↑ -5.40% ↑	48,052 ↓ -2.70% ↓	48,052 -2.70%
当期純利益	71,654 ↑	90,377 ↓	74,546 ↑	110,027 ↓	48,052

【損益計算書分析】

	固定費	変動費
2014年8月期	569	683
2015年8月期	684	833
2016年8月期	738	921

損益分岐点による分析では、実際売上が1,786拾億円で損益分岐点売上1,524拾億円との差額262拾億円のキャッシュが他に使えるということである。ファーストリテイリングでは、この使える資金をどこに使っているのだろうか？　それはキャッシュフローを見ればわかる。

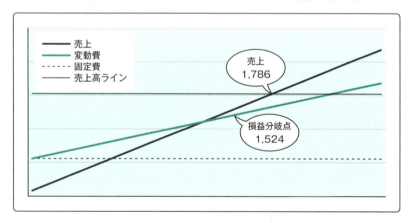

第5章 ●実際にある企業の決算書を読んでみる

【キャッシュフロー計算書】
単位：百万円

決算年月日	2012年8月31日		2013年8月31日		2014年8月31日		2015年8月31日		2016年8月31日
営業活動によるキャッシュフロー	127,643	⬇	99,439	⬆	110,595	⬆	134,931	⬇	98,755
投資活動によるキャッシュフロー	-35,313	⬇	-63,901	⬆	-56,323	⬇	-73,145	⬇	-245,939
財務活動によるキャッシュフロー	-29,056	⬆	-23,945	⬇	-44,060	⬆	-41,784	⬆	201,428
現預金等の換算差額	67	⬆	18,007	⬇	7,128	⬆	21,160	⬇	-24,026
現預金等純増減額	63,341	⬇	29,600	⬇	17,340	⬆	41,162	⬇	30,218

【キャッシュフロー計算書分析】
「営業活動によるキャッシュフロー」を見ると、本業での資金の儲けが安定している。
「投資活動によるキャッシュフロー」では、本業の儲け（営業活動によるキャッシュフロー）の
範囲を超えて投資したのは、2016年度のみであり、3年前と2年前では本業の範囲内での投資
で健全である。「財務活動によるキャッシュフロー」では、3年前と2年前では本業の儲けの範
囲内で返済あるいは配当を行っている。直近期は、本業の儲け以上の投資をしており、足りない
分を資金調達していることがわかる。

209

東宝決算書5期比較

【貸借対照表】

単位：百万円

決算年月日	2012年2月29日		2013年2月28日		2014年2月28日		2015年2月28日		2016年2月29日
現預金等	10,676	↑	13,188	↓	12,097	↑	14,206	↓	13,343
その他流動資産	70,779	↑	86,377	↓	71,351	↑	92,670	↑	125,923
有形固定資産	157,982	↓	156,552	↑	158,730	↑	163,834	↓	154,723
無形固定資産	7,835	↑	8,782	↑	9,944	↓	9,178	↓	8,670
投資等	73,726	↑	83,698	↑	92,692	↑	95,821	↓	89,484
総資産資産合計	321,000	↑	348,597	↓	344,814	↑	375,709	↑	392,143
流動負債	31,243	↑	51,848	↓	36,254	↑	44,184	↑	51,906
固定負債	74,443	↓	61,681	↓	47,888	↑	49,903	↓	45,802
資本(純資産)合計	215,314	↑	235,068	↑	260,672	↑	281,622	↑	294,435
負債資本合計	321,000	↑	348,597	↓	344,814	↑	375,709	↑	392,143

資金運用からの分析	タイプ	'15年と'16年の比較	'14年と'16年の比較
資産増加負債増加	A	○	○
資産増加負債減少	B		
資産減少負債減少	C		
資産減少負債増加	D		

１年間でも２年間でも「資産・負債ともに増加」であり、上図のＡタイプになる。これは、〈分析のポイント〉にあるように、売上を拡大するときに見られる傾向であり、損益計算書の売上をみると、過去３年間では毎年増加していることで裏づけられる。

この項目は、資金不足・資金増加の原因となるものであり、資金の移動と利益を関連して見ると分析が的確になる。

〈分析のポイント〉

Ａの見方……企業が売上などを拡大するときに見られる傾向である。そのバランスが負債の方が異常に多い場合：赤字の傾向、資産が異常に増加した場合→粉飾決算、回収が遅くなる異常な原因がある。

Ｂの見方……明らかに異常であり、この増加と借入金増加が同時であれば赤字を回避するための粉飾決算である。→要注意の企業の傾向である。

Ｃの見方……通常の健全な企業スタイルである。

Ｄの見方……赤字経営の企業に多い。支払が遅滞している企業に多い傾向である。

第5章●実際にある企業の決算書を読んでみる

●運転資金による資金増減

	2014年2月①	2015年2月②	2016年2月③	増減　③－②	増減　③－①
				1年間で	2年間で
流動資産	83,448	106,876	139,266	32,390	55,818
流動負債	36,254	44,184	51,906	7,722	15,652
差引	47,194	62,692	87,360	24,668	40,166
				資金が減少	資金が減少

上記分析結果から、以下のことが読み取れる。
流動資産と流動負債の差額が、プラス（流動資産の方が多い）ということは、流動資産は資金の回収項目で流動負債は支払項目であるので、1年間でも2年間でも「資金が減少」という状況である。

●固定性資金からの分析

	2014年2月①	2015年2月②	2016年2月③	増減　③－②	増減　③－①
				1年間で	2年間で
有形固定資産	158,730	163,834	154,723	△9,111	△4,007
無形・投資等	102,636	104,999	98,154	△6,845	△4,482
合計	261,366	268,833	252,877	△15,956	△8,489
				過去3期分増減	増加

有形固定資産額も無形固定資産・投資も1年間でも2年間でも減少している。1年間でも2年間でも「資金が増加」という状況である。

211

【損益計算書】　　　　　　　　　　　　　　　　　　　　　　　　　　　　　　単位：百万円

決算年月日	2012年2月29日		2013年2月28日		2014年2月28日		2015年2月28日		2016年2月29日
売上高	181,360	↑	202,274	↓	197,624	↑	206,900	↑	229,432
売上合計	181,360	↑	202,274	↓	197,624	↑	206,900	↑	229,432
売上原価	111,308	↑	120,036	↓	117,580	↑	124,134	↑	133,463
その他費用収益	60,200	↑	65,525	↓	62,347	↓	60,287	↑	70,122
費用等合計(売上原価)+(その他費用収益)	171,508	↑	185,561	↓	179,927	↑	184,421	↑	203,585
売上総利益	70,052	↑	82,238	↓	80,044	↑	82,766	↑	95,969
税引前当期利益	14,605	↑	29,766	↑	30,176	↑	33,993	↑	40,660
当期純利益	9,852 / -5.40%	↑	16,713 / -8.30%	↑	17,697 / -9.00%	↑	22,479 / -10.90%	↑	25,847 / -11.30%
当期純利益	9,852	↑	16,713	↑	17,697	↑	22,479	↑	25,847

【損益計算書分析】

	固定費	変動費
2014年2月期	52	118
2015年2月期	51	124
2016年2月期	55	133

損益分岐点による分析では、実際売上が229拾億円で損益分岐点売上132拾億円との差額97拾億円のキャッシュが他に使えるということである。東宝では、この使える資金をどこに使っているのだろうか？　それはキャッシュフローを見ればわかる。

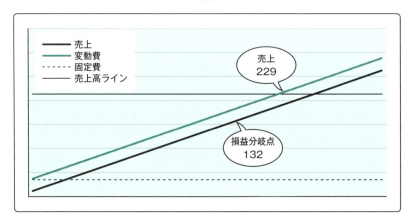

212

第5章 ●実際にある企業の決算書を読んでみる

【キャッシュフロー計算書】　　　　　　　　　　　　　　　　　　　　　　　　　　単位：百万円

決算年月日	2012年2月29日	2013年2月28日	2014年2月28日	2015年2月28日	2016年2月29日
営業活動による キャッシュフロー	14,062 ↑	38,528 ↓	26,722 ↑	38,862 ↑	46,180
投資活動による キャッシュフロー	-5,924 ↓	-14,742 ↓	-25,405 ↑	-13,651 ↓	-22,717
財務活動による キャッシュフロー	-6,433 ↑	-5,095 ↓	-17,017 ↑	-4,206 ↓	-9,418
現預金等の換算差額	-9 ↑	59 ↑	96 ↑	194 ↓	-21
現預金等純増減額	1,696 ↑	18,750 ↓	-15,604 ↑	21,199 ↓	14,024

【キャッシュフロー計算書分析】
「営業活動によるキャッシュフロー」を見ると、本業での資金の儲けが安定している。「投資活動によるキャッシュフロー」でも、本業の儲け（営業活動によるキャッシュフロー）の範囲内で投資している。「財務活動によるキャッシュフロー」では、直近期と2年前が本業の儲けの範囲内で返済あるいは配当を行っている。3年前は、本業の儲け以上の投資＋返済あるいは配当を行っていて資金残高を減らしている。

日本マクドナルドホールディングス決算書5期比較

【貸借対照表】　　　　　　　　　　　　　　　　　　　　　　　　　単位：百万円

決算年月日	2011年12月31日		2012年12月31日		2013年12月31日		2014年12月31日		2015年12月31日
現預金等	28,433	⬆	50,950	⬇	45,041	⬇	28,628	⬇	20,388
その他流動資産	52,874	⬇	40,640	⬇	33,567	⬇	19,876	⬇	14,136
有形固定資産	70,919	⬆	72,058	⬆	75,633	⬇	73,394	⬇	72,410
無形固定資産	9,440	⬇	5,997	⬇	3,714	⬆	4,261	⬆	8,651
投資等	60,362	⬇	56,691	⬇	55,271	⬆	61,889	⬆	63,283
総資産資産合計	222,029	⬆	226,338	⬇	213,226	⬇	188,048	⬇	178,868
流動負債	49,064	⬇	43,946	⬇	28,344	⬇	27,471	⬆	41,485
固定負債	11,333	⬆	11,819	⬆	12,986	⬇	12,836	⬆	28,530
資本(純資産)合計	161,632	⬆	170,573	⬆	171,896	⬇	147,741	⬇	108,853
負債資本合計	222,029	⬆	226,338	⬇	213,226	⬇	188,048	⬇	178,868

資金運用からの分析	タイプ	'15年と'16年の比較	'14年と'16年の比較
資産増加負債増加	A		
資産増加負債減少	B		
資産減少負債減少	C		
資産減少負債増加	D	○	○

1年間でも2年間でも「資産減少」で「負債増加」あり、〈分析のポイント〉のDタイプ「赤字企業に多い」。実際、過去2年間は赤字である。要因は、「売上の減少」と「固定費が重い」ということがわかる。

この項目は、資金不足・資金増加の原因となるものであり、資金の移動と利益を関連して見ると分析が的確になる。

〈分析のポイント〉

Aの見方……企業が売上などを拡大するときに見られる傾向である。そのバランスが負債の方が異常に多い場合：赤字の傾向、資産が異常に増加した場合→粉飾決算、回収が遅くなる異常な原因がある。

Bの見方……明らかに異常であり、この増加と借入金増加が同時であれば赤字を回避するための粉飾決算である。→要注意の企業の傾向である。

Cの見方……通常の健全な企業スタイルである。

Dの見方……赤字経営の企業に多い。支払が遅滞している企業に多い傾向である。

第5章●実際にある企業の決算書を読んでみる

●運転資金による資金増減　　　　　　　　　　　　　1年間で　　　　2年間で

	2013年12月①	2014年12月②	2015年12月③	増減　③－②	増減　③－①
流動資産	78,608	48,504	34,524	△13,980	△44,084
流動負債	28,344	27,471	41,485	14,014	13,141
差引	50,264	21,033	△6,961	△27,994	△57,225
				資金が増加	資金が減少

上記分析結果から、以下のことが読み取れる。
流動資産は資金の回収項目で流動負債は支払項目であるので、1年間でも2年間でも、流動資産が減って流動負債が増えたため、「資金が増加」。

●固定性資金からの分析　　　　　　　　　　　　　　1年間で　　　　2年間で

	2013年12月①	2014年12月②	2015年12月③	増減　③－②	増減　③－①
有形固定資産	75,633	73,394	72,410	△984	△3,223
無形・投資等	58,985	66,150	71,934	5,784	12,949
合計	134,618	139,544	144,344	4,800	9,726
				過去3期分増減	減少

有形固定資産は、年々減少しているのは減価償却での減額であろう。無形・投資等は金額が毎年増えているということは購入を意味し、資金の減少。この結果が、キャッシュフロー計算書に表れている。

【損益計算書】 単位：百万円

決算年月日	2011年12月31日	2012年12月31日	2013年12月31日	2014年12月31日	2015年12月31日
売上高	302,339 ↓	294,710 ↓	260,441 ↓	222,319 ↓	189,473
売上合計	302,339 ↓	294,710 ↓	260,441 ↓	222,319 ↓	189,473
売上原価	238,709 ↓	234,593 ↓	222,253 ↓	202,485 ↓	187,666
その他費用収益	50,332 ↓	47,247 ↓	33,050 ↑	41,677 ↓	36,758
費用等合計 (売上原価)＋ (その他費用収益)	289,041 ↓	281,840 ↓	255,303 ↓	244,162 ↓	224,424
売上総利益	63,630 ↓	60,117 ↓	38,188 ↓	19,834 ↓	1,807
税引前当期利益	23,139 ↓	22,604 ↓	8,597 ↓	-18,469 ↓	-35,158
当期純利益	13,298 ↓	12,870 ↓	5,138 ↓	-21,843 ↓	-34,951
	-4.40% ↓	-4.40% ↓	-2.00% ↓	(-9.8%) ↓	(-18.4%)
当期純利益	13,298 ↓	12,870 ↓	5,138 ↓	-21,843 ↓	-34,951

【損益計算書分析】

	固定費	変動費
2013年12月期	27	222
2014年12月期	27	202
2015年12月期	25	188

損益分岐点による分析では、実際売上が189拾億円で損益分岐点売上2,647拾億円との差額97拾億円の売上ＵＰがあって固定費を賄えるトントンの状態になる。損益計算書を見ても、直近3年間では毎年売上も減少している。

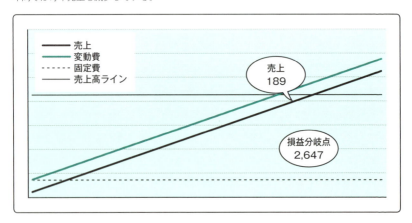

第5章 ●実際にある企業の決算書を読んでみる

【キャッシュフロー計算書】

単位：百万円

決算年月日	2011年12月31日	2012年12月31日	2013年12月31日	2014年12月31日	2015年12月31日
営業活動による キャッシュフロー	41,152 ↓	20,464 ↓	7,190 ↓	-13,652 ↓	-14,560
投資活動による キャッシュフロー	-7,215 ↑	-5,488 ↓	-14,017 ↑	-12,310 ↓	-13,252
財務活動による キャッシュフロー	-4,757 ↓	-4,967 ↓	-5,209 ↓	-5,532 ↑	19,611
現預金等の換算差額	-3 ↑	8 ↑	27 ↓	-17 ↓	-38
現預金等純増減額	29,177 ↓	10,017 ↓	-12,009 ↓	-31,511 ↑	-8,239

【キャッシュフロー計算書分析】

「営業活動によるキャッシュフロー」を見ると、直近期と2014年度がマイナスになっている。事業自体を見直さなくてはならない状況である。「投資活動によるキャッシュフロー」では、本業の儲け（営業活動によるキャッシュフロー）の範囲内で投資できたのは、過去3年間では一度もない。「財務活動によるキャッシュフロー」では、2年前と3年前が本業の儲けがないのに返済、あるいは配当を行っている。直近期では、返済あるいは配当はないものの、資金調達が本業の穴埋めと投資には足りない。結果、過去3年間で毎年現預金残高を大きく減らしている。

シャープ決算書５期比較

【貸借対照表】　　　　　　　　　　　　　　　　　　　　　　単位：百万円

決算年月日	2012年3月31日		2013年3月31日		2014年3月31日		2015年3月31日		2016年3月31日
現預金等	195,325	↓	191,941	↑	379,596	↓	258,493	↑	275,399
その他流動資産	1,225,800	↓	1,029,894	↓	994,648	↑	1,040,702	↓	690,560
有形固定資産	872,442	↓	563,699	↓	519,701	↓	400,592	↓	351,205
無形固定資産	76,041	↓	59,821	↓	46,185	↓	42,567	↓	41,698
投資等	242,413	↓	242,408	↓	241,550	↓	219,555	↓	211,810
総資産資産合計	2,614,135	↓	2,087,763	↑	2,181,680	↓	1,961,909	↓	1,570,672
流動負債	1,391,080	↑	1,667,533	↓	1,551,625	↑	1,686,954	↓	1,374,862
固定負債	597,161	↓	285,393	↑	422,882	↓	230,440	↓	227,021
資本(純資産)合計	625,894	↓	134,837	↑	207,173	↓	44,515	↓	-31,211
負債資本合計	2,614,135	↓	2,087,763	↑	2,181,680	↓	1,961,909	↓	1,570,672

資金運用からの分析	タイプ	'15年と'16年の比較	'14年と'16年の比較
資産増加負債増加	A		
資産増加負債減少	B		
資産減少負債減少	C	○	○
資産減少負債増加	D		

　１年間でも２年間でも「資産・負債ともに減少」であり、〈分析のポイント〉のＣタイプ「健全な企業スタイル」である。この項目は、資金不足・資金増加の原因となるものであり、資金の移動と利益を関連して見ると分析が的確になる。

この項目は、資金不足・資金増加の原因となるものであり、資金の移動と利益を関連して見ると分析が的確になる。
〈分析のポイント〉
Ａの見方……企業が売上などを拡大するときに見られる傾向である。そのバランスが負債の方が
　　　　　　異常に多い場合：赤字の傾向、資産が異常に増加した場合→粉飾決算、回収が遅く
　　　　　　なる異常な原因がある。
Ｂの見方……明らかに異常であり、この増加と借入金増加が同時であれば赤字を回避するための
　　　　　　粉飾決算である。→要注意の企業の傾向である。
Ｃの見方……通常の健全な企業スタイルである。
Ｄの見方……赤字経営の企業に多い。支払が遅滞している企業に多い傾向である。

第5章 ● 実際にある企業の決算書を読んでみる

●運転資金による資金増減

	2014年3月①	2015年3月②	2016年3月③	増減 ③－② 1年間で	増減 ③－① 2年間で
流動資産	1,374,244	1,299,195	965,959	△ 333,236	△ 408,285
流動負債	1,551,625	1,686,954	1,374,862	△ 312,092	△ 176,763
差引	△ 177,381	△ 387,759	△ 408,903	△ 21,144	△ 231,522
				資金が増加	資金が増加

上記分析結果から、以下のことが読み取れる。
流動資産と流動負債の差額が、マイナス（流動負債の方が多い）ということは、流動資産は資金の回収項目で流動負債は支払項目であるので、1年間でも2年間でも「資金が増加」という状況である。

●固定性資金からの分析

	2014年3月①	2015年3月②	2016年3月③	増減 ③－② 1年間で	増減 ③－① 2年間で
有形固定資産	519,701	400,592	351,205	△ 49,387	△ 168,496
無形・投資等	287,735	262,122	253,508	△ 8,614	△ 34,227
合計	807,436	662,714	604,713	△ 58,001	△ 202,723
				過去3期分増減	増加

有形固定資産額も無形固定資産・投資が毎年減少しているということは、減価償却あるいは売却を意味する。1年間でも2年間でも「資金が増加」という状況である。

【損益計算書】 単位：百万円

決算年月日	2012年3月31日		2013年3月31日		2014年3月31日		2015年3月31日		2016年3月31日
売上高	2,455,850	↑	2,478,586	↑	2,927,186	↓	2,786,256	↓	2,461,589
売上合計	2,455,850	↑	2,478,586	↑	2,927,186	↓	2,786,256	↓	2,461,589
売上原価	2,043,842	↑	2,218,003	↑	2,396,344	↑	2,397,749	↓	2,228,277
その他費用収益	788,084	↑	805,930	↓	519,283	↑	610,854	↓	489,284
費用等合計（売上原価）＋（その他費用収益）	2,831,926	↑	3,023,933	↓	2,915,627	↑	3,008,603	↓	2,717,561
売上総利益	412,008	↓	260,583	↑	530,842	↓	388,507	↓	233,312
税引前当期利益	-238,429	↓	-466,187	↑	45,970	↓	-188,834	↓	-231,122
当期純利益	-376,076	↓	-545,347	↑	11,559	↓	-222,347	↓	-255,972
	(-15.3%)	↓	(-22.0%)	↑	(-0.40%)	↓	(-8.0%)	↓	(-10.4%)
当期純利益	-376,076	↓	-545,347	↑	11,559	↓	-222,347	↓	-255,972

【損益計算書分析】

	固定費	変動費
2014年3月期	422	2,396
2015年3月期	437	2,398
2016年3月期	395	2,228

損益分岐点による分析では、実際売上が2,462拾億円で損益分岐点売上4,170拾億円との差額1,708拾億円の売上ＵＰがあって、固定費を賄えるトントンの状態になる。損益計算書を見ても、直近３年間では毎年売上も減少している。

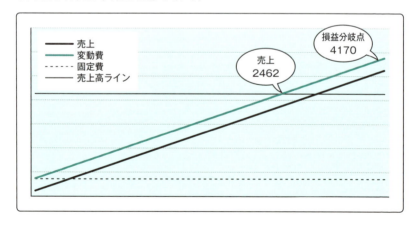

第5章●実際にある企業の決算書を読んでみる

【キャッシュフロー計算書】
単位：百万円

決算年月日	2012年3月31日		2013年3月31日		2014年3月31日		2015年3月31日		2016年3月31日
営業活動による キャッシュフロー	-143,302	↑	-81,075	↑	198,984	↓	17,339	↓	-18,866
投資活動による キャッシュフロー	-159,557	↑	7,110	↓	-84,940	↑	-16,043	↓	-40,513
財務活動による キャッシュフロー	256,381	↓	51,637	↓	32,753	↓	-136,090	↑	-15,360
現預金等の換 算差額	-1,080	↑	16,418	↓	15,971	↑	16,371	↓	-7,939
現預金等純 増減額	-47,558	↑	-5,910	↑	162,768	↓	-118,423	↑	-82,678

【キャッシュフロー計算書分析】
「営業活動によるキャッシュフロー」を見ると、直近期でマイナスになっている。事業自体を見直さなくてはならない状況である。「投資活動によるキャッシュフロー」では、本業の儲け（営業活動によるキャッシュフロー）の範囲内で投資できたのは、3年前と2年前であり、2016年度の直近期では本業が資金ショートなのに投資を行っている。「財務活動によるキャッシュフロー」では、直近期と2年前が本業の儲けの範囲を超えても返済あるいは配当を行っている。結果、現預金残高を大きく減らしている。

【著者紹介】

澤田和明（さわだ・かずあき）

株式会社コンサルティング・ネットワーク　代表取締役

1960年生まれ。9年間の会計事務所勤務にて多種多様な企業に税務・財務面からの経営指導を行う。2003年、経営コンサルタントとして独立。企業再建・再生をはじめ、企業経営の数多くの分野でコンサルティング活動に情熱を注いでいる。講演・執筆活動も豊富。著書に『通勤大学図解会計コース　財務会計』『同　管理会計』『同　キャッシュフロー会計』等（以上、総合法令出版）、『企業再生コンサルが明かす経営分析実践の手法』（秀和システム）、監修に『図解　キチンとわかる！決算書の見方』『図解　キチンとわかる！会社の数字のしくみ』（TAC出版）などがある。

株式会社コンサルティング・ネットワークス

http://cnc-holdings.jp/consulting/

視覚障害その他の理由で活字のままでこの本を利用出来ない人のために、営利を目的とする場合を除き「録音図書」「点字図書」「拡大図書」等の製作をすることを認めます。その際は著作権者、または、出版社までご連絡ください。

秒速で読む決算書

2017年3月7日　初版発行

著　者　澤田和明
発行者　野村直克
発行所　総合法令出版株式会社
　　　　〒103-0001　東京都中央区日本橋小伝馬町15-18
　　　　ユニゾ小伝馬町ビル9階
　　　　電話 03-5623-5121（代）

印刷・製本　中央精版印刷株式会社

落丁・乱丁本はお取替えいたします。
©Kazuaki Sawada 2017 Printed in Japan
ISBN 978-4-86280-543-0
総合法令出版ホームページ　http://www.horei.com/

総合法令出版の好評既刊

経営・戦略

経営者の心得

新 将命 著

外資系企業のトップを歴任してきた著者が、業種や規模、国境の違いを超えた、勝ち残る経営の原理原則、成功する経営者の資質を解説。ダイバーシティ（多様化）の波が押し寄せる現在、経営者が真に果たすべき役割、社員との関わり方を説く。

定価(本体1500円+税)

取締役の心得

柳楽仁史 著

社長の「右腕」として、経営陣の一員として、企業経営の中枢を担う取締役。取締役が果たすべき役割や責任、トップ（代表取締役）との関係のあり方、取締役に求められる教養・スキルなどについて具体例を挙げながら述べていく。

定価(本体1500円+税)

新規事業立ち上げの教科書

冨田 賢 著

新規事業の立ち上げは、今やビジネスリーダー必須のスキル。東証一部上場企業をはじめ、数多くの企業で新規事業立ち上げのサポートを行う著者が、新規事業の立ち上げと成功に必要な知識や実践的ノウハウをトータルに解説。

定価(本体1800円+税)